“十三五”国家重点图书出版规划项目

中国特色公有制产权税收论

——基于40年经济改革实践的考察

蔡 昌 著

中国财经出版传媒集团
中国财政经济出版社

图书在版编目（CIP）数据

中国特色公有制产权税收论：基于40年经济改革实践的考察/蔡昌著．—北京：中国财政经济出版社，2018.12

"十三五"国家重点图书出版规划项目

ISBN 978－7－5095－8672－3

Ⅰ.①中…　Ⅱ.①蔡…　Ⅲ.①中国经济－社会主义公有制－产权制度改革－研究　Ⅳ.①F121.21

中国版本图书馆CIP数据核字（2018）第263222号

责任编辑：樊清玉　　责任校对：徐艳丽

封面设计：孙俪铭

中国财政经济出版社 出版

URL：http：//www.cfeph.cn

E－mail：cfeph@cfeph.cn

社址：北京市海淀区阜成路甲28号　邮政编码：100142

营销中心电话：010－88191537

天猫网店：中国财政经济出版社旗舰店

网址：https：//zgczjjcbs.tmall.com

北京财经印刷厂印刷　各地新华书店经销

787×1092毫米　16开　13.5印张　162 000字

2018年12月第1版　2018年12月北京第1次印刷

定价：68.00元

ISBN 978－7－5095－8672－3

（图书出现印装问题，本社负责调换）

本社质量投诉电话：010－88190744

打击盗版举报热线：010－88191661　QQ：2242791300

序言 

1

中国改革开放40年，一路披荆斩棘，砥砺前行，不断颠覆着传统经济理论，也着实开辟出一条经济增长之路；中国改革开放40年，经济发展和社会进步体现着制度的力量，制度整合资源，并使之以不同于原来的配置结构进行价值创造，这一点是中国对世界的伟大贡献。中国改革开放40年，建立了以公有制为主体、多种所有制共同发展的基本经济制度，实现了公有制与市场经济的有机结合，实现了市场机制与宏观调控的内在统一，实现了国内改革与对外开放的相互促进，中国特色社会主义市场经济体制初步建立并不断完善。中国改革开放所开创的波澜壮阔的社会经济实践，的确为研究者提供了一个天然的试验田，为诸多理论学说的创立提供了经验证据。这对于我们观察和解剖产权变革与税制变迁，可谓恰逢一个绝佳的时间横截面。

中国漫长的产权变革过程，始终坚持一项重要的原则——实行公有制。公有制和非公有制到底有何区别，公有制和非公有制哪一种制度更能创造出辉煌的人类文明？我们带着这一问题，细致观察产权制度变革实践，深入分析经济学家的观点。以斯蒂格利茨、哈特等为代表的西方经济学家并不否认公有制的优越性，他们也看到了私有制的弊端，并尝试从多个角度比较公有制与私有制的差异性。关于公有制与非公有制，较为公认的研究结论是“私有制比国有企业更有效率（斯蒂格利茨，2008）[①]”，“从总体上说，私有企业的盈利能力强于国有企业。这是事实。但这并非绝对地意味着私有企业就更有效率。例如，国有企业也许要面对某些约束，而这些约束对私有企业来说是不存在的；私有化不是问题的答案，答案在于改变这些约束（斯蒂格利茨，2008）。[②]”非公有制的优势在于效率高于国有企业，其根源在于股东获取剩余索取权的吸引力，从而形成推动经济发展的原动力。所以说，非公有制归根结底是一种能够充分发挥激励机制的制度安排。按照不完全合约理论的观点，中国改革开放初期的经济发展归因于劳动者获得了剩余控制权，这是产权制度实施微小调整的结果。这反向证明了不是非公有制如何优越，而是公有制对经济发展的一些束缚没有去除。公有制的优势在于更好地解决公共产品、公共服务供给问题，即公有制能够将国有企业、公共部门的发展目标同社会目标结合起来，比如公有制下的研究机构、大学、医疗机构、公共交通等公共部门显得比私有制下的这些部门更具有宏观调控力和计划性，公有制显示出更强大的资源集中支配能力。其实，发展经济的本质就是发挥资源配置效率，控制经济社会演化格局，有效促进经济繁荣与社会进步。不论是产权结构调整，还是税收制度调整，其实都是在寻找一种新型的高效率的资源配置方式，寻找一种有效的激励机制与价值创造模式。

中国改革开放历程，其实就是一部产权改革史。中国改革开放40年，一直在推进产权制度改革，中国从计划经济体制逐渐转轨到市场经济体制，经历了风风雨雨。国有企业从“利改税”到建立现代企业制度，再到开辟上市融资之路，直至当今的混合所有制改革试点，国有企业改革的唯一核心问题就是探索有效的产权模式与合理化的产权结构。产权制度改革需要政治眼光和勇气，邓小平1990年以

---

① 热拉尔·罗兰（Gerard Roland）. 私有化成功与失败. 中国人民大学出版社，2015：3.

② 热拉尔·罗兰（Gerard Roland）. 私有化成功与失败. 中国人民大学出版社，2015：7－8.

其巨大的政治勇气与担当精神，摒弃了计划经济狭隘、陈旧、保守的观念，他一针见血地指出："我们必须从理论上搞懂，资本主义与社会主义的区分不在于是计划还是市场这样的问题。社会主义也有市场经济，资本主义也有计划控制"。1992年，邓小平在南方谈话中再一次强调："计划和市场都是经济手段。"这一高瞻远瞩的论断不仅为党的十四大把建立社会主义市场经济体制作为我国经济体制改革的目标奠定了坚实的理论基础，也为十四大以后中国社会主义市场经济顺利发展开拓了道路。党的十四大以后，中共中央、国务院要求国有企业逐步建立现代企业制度，十四届三中全会把现代企业制度的基本特征概括为"产权清晰、权责明确、政企分开、管理科学"十六个字，党的十五届四中全会再次强调要建立和完善现代企业制度。现代企业制度是指适应现代社会化大生产和市场经济体制要求的一种企业制度，这是国有企业改革所追求的一个现实性目标。中国坚持公有制，国有企业关系公有制主体地位的巩固，关系我国社会主义制度的发展和完善。从经济上看，国有企业特别是中央企业在关系国家安全和国民经济命脉的重要行业和关键领域居于主导地位，在国民经济发展中地位重要、作用关键。未来的国有企业改革，还必须抓住现代企业制度这一"牛鼻子"，深化国有企业公司制、股份制改革。公司制、股份制是党的十九大报告提出"产权有效激励"的有效实现方式，股权多元化是现代企业公司治理的产权基础。2013年11月9日，党的十八届三中全会提出"积极发展混合所有制经济"，混合所有制经济主要源于国有企业改革，源于寻找国有制同市场经济相结合的形式和途径。2014年《政府工作报告》进一步提出"加快发展混合所有制经济"，2016年国有企业混合所有制改革稳妥推进，作为国企改革领域的标志性事件，中国铁路总公司和云南白药集团接连发出混合所有制改革的声音。毋庸置疑，发展混合所有制经济已经成为当今国有企业改革的突破口。其实，混合所有制改革是实现国有企业部分私有化，即借助混合所有制的治理结构、股权激励机制迫使国有企业转变体制机制，提高资源配置效率和收益率。党的十九大以后，国有企业根据其不同功能定位，逐步调整国有股权比例，形成股权结构多元化、股权流动市场化。

2

中国改革开放40年取得了辉煌的成就，这与经济改革的渐进性相匹配、相契合。渐进式改革主要推行增量改革，通常还辅以小范围的试点改革，利益调整幅度较小，谨慎推行重大的改革方案，基本上能避免可能对经济社会造成强烈震荡影响。譬如，中国土地产权制度的改革，是一个不断积累的变革过程，微小的变革由“小流”积成“大河”，从极为重视土地的所有权，到越来越重视土地的使用权，从而由“淡化”到“熟视无睹”土地的所有权，即实现了土地的所有权与使用权的分离。可以肯定的是，中国土地产权制度改革不能走私有化道路，因为土地私有化必然带来土地交易和土地垄断，兼并潮起，造成新型权贵地主阶层的出现，形成悬殊的贫富分化壁垒，从而严重破坏社会主义制度的公平性。因此，基于使用权和收益权为改革核心的中国土地产权制度变革，其目的在于释放土地价值，为经济社会发展培育新的增长点，为国家和社会创造财政收入。同时，中国土地产权制度改革本身也是调动人的主观能动性、积极性和创造力的源泉。正是基于这一原理，笔者认为土地产权制度的内涵和产权运行模式决定着土地的使用效率，决定着价值创造的全过程。

中国改革开放40年，其实也是一个艰辛的探索过程；随着改革开放的逐步推进，其实也是人们对产权制度的认识逐步深化的过程。德姆塞茨（1967）认为：“所有社会的产权安排，都会回应于技术、需求以及其他经济条件的变化而有效率地演进。”埃里克森（2005）在对土地所有权安排的经验研究中得出如下结论：“一个交织紧密的群体倾向于通过习惯或法律创造一个成本最小化并且足以

应对风险、技术、需求以及其他一些经济条件变化的土地制度。”中国最初的产权制度改革，以“效率优先”为原则，凡是能够提高效率的制度安排就被应用到实践领域，无视或较少关注公平问题；随着对产权制度的认识深化，人们逐渐意识到产权其实是一个实现社会公平的手段和途径，产权制度改革也必然触及社会公平问题。产权安排涉及利益关系，也不可避免地与税收分配相关联，产权与税收问题紧密联系，产权制度与税收制度联结在一起，产权制度变革与税收制度变革联结在一起。这里将紧密联系、相互融合且相互作用的产权制度与税收制度统称为“产权税收制度”。

研究产权税收制度变革问题，其实是选择了一个观察经济社会变迁的独特视角，中国恰逢转轨期，是一个千载难逢的研究产权税收制度变迁的好时机。中国改革开放40年来，一直在寻求国有企业的振兴之路。从“利改税”到建立现代企业制度，国有企业走向市场竞争，再到混合所有制改革的激励机制，中国无时不在探索国有企业产权税收制度变迁的模式与规律。国有企业混合所有制改革的经济意义在于探寻资源优势的实现机制，发挥公司治理结构的制度内核作用。我们不仅观察国有企业的效率与税收负担，比较民营企业与国有企业的效率及税收负担差异，也将外资企业的效率与税收负担纳入研究视野。研究发现，不同产权性质企业的绩效水平和税负水平存在显著差异性，中国政府也在试图将混合所有制拓展到更广泛的经济领域，涵盖更多的经济实体，以寻求新时期国有企业的体制机制“突围”。但是，我们也进一步观察到，国有企业混合所有制改革并非“千人一面”，必须根据不同行业类别、不同组织形式、不同治理结构，对国有企业混合所有制改革采取分而治之的差异化改革策略。

3

产权税收论当属理论研究的“蓝海”，是一个崭新的理论探索

与实践应用领域。笔者进入该研究领域，除了一点兴趣之外，纯属偶然。中学时代接触到马克思政治经济学，进而连篇累牍地熟读成诵，其目的在于升学考试，并不太理解其中奥秘；大学时代，折服于教授们引经据典、滔滔不绝的理论阐释，更为精细、系统地学习了一遍政治经济学，但此时又修西方经济学，一时间脑袋像被灌进了糨糊，糊里糊涂，这种状态一直持续到大学毕业，也没能真正搞清楚产权与所有制问题。大学毕业后，我辗转攻读工商管理硕士、会计学博士、经济学（税收学）博士后，一晃十多年过去了，但对产权问题一直惦记着，并未丢到脑后。五年前我从美国访学归来，头脑被中西方文化差异的各种细节所笼罩，无形中一直在比较中西方文化，当然也包括社会规则、经济制度、伦理道德等方面，尤其看到了产权制度方面的差异，我在读书学习期间一直不断追问一个问题——人类社会到底需要何种模式的产权制度。科斯论及产权界定的重要性，他认为私有产权是发展经济的源泉和动力，而马克思的所有制理论推崇公有制模式，对私有产权的局限性加以严密论证。在这种思想冲突状态下，偶然翻到一本"产权会计学"论著，再一次激起我启动产权税收学研究的兴趣，于是瞬间就定下了"产权税收论"这一研究方向。这部拙著的写作想法就是在这一背景下开始萌芽的，我仿佛钻进了一个神秘而人迹罕至的"童话世界"。

我的理论兴趣由管理到财务会计，由财务会计到税收，再到经济学……我是一个在理论探索方面极不安分的人，试图追寻事物的一些规律，于是误撞到税收契约领域，再由税收契约走进产权税收学领域，好像一个懵懵懂懂的孩童，突然一不小心从高高的山崖跌入一个深深的世外桃源——好奇、新奇、惊奇的感觉一齐涌进脑海。我好奇地观察产权税收制度，恍惚间仿佛在和马克思、列宁漫谈，又如和科斯、阿尔钦窃窃私语。我观察到不同产权性质的企业的税负差异性很大，也尝试对混合所有制的改革效果建立评价标准，深入思考土地制度的变迁是否能成为经济增长点，是否能提高

社会福利水平。所幸的是，中国转轨期的产权制度变迁和奇闻罕事，都被我们这代人碰上了。我感觉自己是幸福的，能够目睹产权制度变迁、税制改革的这些渐变细节，能有机会从细微处观察产权转型和税制改革所带来的经济社会的深刻变革。中国的现实问题相当复杂，可以为世界提供理论研究基地，也可以在不经意间获取改革成功的实践范本。本书所探讨的领域围绕产权问题展开，又将税收牵涉其中，形成一个极其小众的研究范围——产权税收论，但其现实意义重大，几乎可以涵盖中国40年来波澜壮阔、恢宏灿烂的改革开放历程，彰显出产权税收制度变迁的沧桑岁月。笔者倡议并深切期待着涌现更多的社会观察者、理论研究者和实践推动者投身于产权税收论的研究，相信在这里一定能够挖到价值连城的“金矿”。

改革开放40年来，中国顺应了历史发展的趋势，与时俱进、因时而变，是目前为止社会主义经济改革最成功的国家。中国自主开辟的社会主义经济模式，为其他发展中国家提供了非西方化的现代化道路，为解决人类问题贡献了中国智慧和中国方案；动摇了西方私有产权根基的发展模式的中心地位，为坚持公有制改革性质和方向闯出一条人类文明史上绝无仅有的跨越式发展道路。中国经济的成功转型实质上是一场产权制度变革的结果，资源配置由市场经济的“产权规则”取代了计划经济的“等级规则”。中国的奇迹归功于产权税收制度的崛起。产权税收论的核心就是研究如何构建一种通过产权激励、税制安排来提高经济运行效率的同时还要实现公平正义有效供给的资源配置结构，从而形成一套对政府宏观经济、市场微观主体都能带来激励机制、制衡效应的产权税收规则设计和制度安排。相信有一天，产权税收论会成为推动社会经济发展的重要理论体系，并且成为一种具有持久性重要影响的思想。

蔡　昌

记于2018年12月，纪念改革开放40周年之际

目录 

Content 

第 1 章　所有制、税收与中国产权变迁

产权制度变迁的前提是生产关系的变化，而生产资料所有制的变化又是其最直接的体现。产权制度变迁是生产力发展的结果，所以产权是人们不能自由选择的，而是由生产力决定的所有制结构及法律形式。

——卡尔·马克思（Karl Marx）

1.1　产权与所有制问题

1.1.1　产权学说

产权是财产所有权或财产权的简称。从历史演进和逻辑角度分析，学术界形成了关于产权理论的多种学说。

（1）内涵说

美国经济学家菲吕博腾和配杰威齐（E. G. Furubotn 和 S. Pejovich）认为，“产权不是人与物之间的关系，而是指由于物的存在和使用而引起的人们之间一些被认可的行为性关系……社会中盛行的产权制度便可以描述为界定每个在稀缺资源利用方面的地位的一组经济和社会关系。”[①] 配杰威齐认为，产权是因为存在着稀缺物品和

① 科斯，等. 财产权利与制度变迁. 上海：上海三联书店，1991：166.

其特定用途而引起的人们之间的关系。[①] 德国学者柯武刚和史漫飞（Kasper 和 Streit）认为，产权是个人和组织的一组受保护的权利，它们使所有者能通过收购、使用、抵押和转让资产的方式持有或处置资产，并占有在这些资产的运用中所产生的效益。[②]

（2）外延说

从外延上对产权进行界定，主要是从产权具体包括哪些权利的角度来定义产权。完整的产权集合涵盖了两种基本产权模式，一种是单一所有权模式，即从狭义的角度来讲，产权等同于所有权，即指产权主体把客体当作自己的专有物，排斥别人随意加以侵夺的权利；另一种是权利束模式，即从广义的角度讲，产权不仅包含所有权，还包含其他的排他性控制权，即产权是指包括广泛的因财产而发生的人与人之间社会关系的权利束的总称。诺斯认为，为了降低交易费用，“内部结构有序化的规则”就形成了产权制度。英国学者 P. 阿贝尔认为，产权包括所有权、使用权、管理权、分享残余收益或承担负债的权利、对资本的权利、安全的权利、转让权、重新获得的权利及其他权利。著名经济学家巴泽尔（Barzel）则认为，人们对不同财产的各种产权包括财产的使用权、收益权和转让权。

（3）形成说

形成说主要从产权形成机制角度对产权进行内涵界定，即从法律或国家强制性层面对产权进行界定。《法兰西民法》明确规定，财产权就是以法律所允许的最独断的方式处理物品的权利。为了保护产权，早期的国家通过立法建制来达成这一目的如巴比伦王国的《汉谟拉比法典》和古罗马的《罗马法大全》都将维护私有产权作为重要内容，以此刺激经济增长。美国经济学家阿尔钦（Alchian）认为，产权是授予特别个人某种权威的办法，利用这种权威，可以

① 科斯等. 财产权利与制度变迁. 上海：上海三联书店，1994：204.

② 柯武刚，史漫飞. 制度经济学——社会秩序与公共政策. 北京：商务印书馆，2000：212.

从不被禁止的使用方式中，选择任意一种对特定物品的使用方式……产权一方面是国家所强制实施的对某种经济物品的各种用途进行选择的权利，另一方面还是市场竞争机制的本质。

（4）功能说

产权概念的理解应从功能出发，脱离产权的功能来抽象地定义产权则会缺乏解释力。美国经济学家德姆塞茨（Demsetz）认为，产权是一种社会工具，其重要性在于它能帮助一个人形成他与其他人进行交易的合理预期，且产权的一个主要功能就是引导人们在更大程度上将外部性内部化。当某种资源相对价格的提高使得对其建立排他性私有化产权的收益大于为此付出的成本时，即建立产权是有利可图时，产权就产生了。美国著名法律经济学家波斯纳（Richard Allen Posner）在其所著的《法律的经济分析》一书中，根据对产权社会作用的认识与理解，从保障产权的社会作用有效性的目的出发，提出了衡量产权有效性的三个标准，一是普遍性，二是排他性，三是可转让性。

1.1.2　产权的本质与特征

（1）产权的本质

著名经济学家科斯（Coase）被经济学界称为新制度经济学（New institutional economics）的开山大师。科斯的重要贡献在于揭示了产权、交易费用与资源配置效率之间的联系。关于产权的概念，德姆塞茨是较早对其进行研究的经济学家，他在《关于产权的理论》中认为：“所谓产权，意指使自己或他人受益或受损的权利。”[①] 诺斯认为：“产权本质上是一种排他性权利。”[②] 被尊称为产权经济学之父的阿尔钦（Alchian）认为：在一个社会中，当两个或

① 黄少安．产权经济学导论．北京：经济科学出版社，2004：64.

② 诺斯．经济史中的结构与变迁．上海：上海三联书店，1991：21.

更多的个人都想得到同一种经济物品的好处时，必然隐含了竞争。竞争的冲突要通过这种或那种方式来解决。限制竞争的规则通常叫作产权规则①。

从理论上分析，产权意味着对特定财产完整的一组权利，这组权利一般可以分为财产的所有权、占有权、支配权和收益权等。财产的所有权是指财产所有者对财产的终极所有权，在产权的各种权利中占据核心地位，在其基础上派生出了财产的占有权、支配权和收益权等。对于企业经营的财产，在理论上也把财产的占有权、支配权和收益权等统称为“经营权”（operating - right）。

（2）产权的特征

产权作为以财产所有权为基础的权利集合体，是人们在交易过程中相互利益关系的体现。产权的特征主要体现在以下四个方面：

第一，产权界定的明确性。应在国家法律的基础上，对产权主体和产权客体进行明确的界定，同时还应明确划清产权与产权之间的界限。其中，产权主体即拥有财产所有权或具体享有所有权某一项权能的一方；产权客体即归所有者占用、使用的资产或权利。

第二，产权的排他性。出于产权主体保护自己所有权的需要，产权关系一经确定，在特定财产权利领域，一个产权主体不受其他利益主体的随意干扰，其实质是产权主体对特定财产权利具有垄断性。

第三，产权的可转让性。该特征是以产权的明确界定和排他性为基础的，主要包括两种转让形式：一是转让所有权、使用权、收益权、处分权中的某项或某组权能而保留终极所有权；二是整个所有权体系的转让。

第四，产权的可分割性。产权的四项权利（所有权、使用权、

① 张五常．关于新制度经济学//科斯，哈特，斯蒂格利茨，等著．契约经济学．北京：经济科学出版社，1999：63.

收益权和处分权）各有不同的权能和相应的利益，当同一资源的各项产权临时或永久地被不同的人所占有时，产权的分割便产生了。关于这一特征，美国经济学家阿尔钦认识到，在任一时点上，资源都不能完全地被所有者占有①。

总之，产权的存在是以市场经济的存在为前提，体现着市场经济中人与人之间的财产权利与利益关系。市场经济中的产权交易，实质是产权关系的交换，产权主体以让渡某项或某组产权为代价换取他人的某项或一组产权。产权交易是一项复杂的交易行为，包括产权让渡过程中的信息搜集处理、谈判、签约、履约等具体活动。

产权与契约之间的关系非常微妙，其实产权交易往往通过契约关系来完成，契约是形成产权制度的基础，产权制度在形式上可以被视为是一种相对固定化的契约。产权制度的变迁实际上是契约演化的结果，产权关系的调整其实就是契约关系的改变。

1.1.3　不同所有制的辩证关系

产权是一组经济权利束，体现着由经济权利所承载的利益诉求。产权制度是生产资料所有制的具体实现形式。生产资料所有制是一个社会的基本经济制度，是决定社会经济关系和运行的根本。

马克思建立了完整的生产资料所有制理论（ownership theory），揭示人类社会发展变化的运动规律，阐释人类社会整个财产权利关系及其运动，预言了资本主义私有制必将被社会主义公有制所替代，这是由生产力与生产关系的辩证关系所决定的。世界经济发展到 20 世纪初期，生产资料所有制沿着两条不同的道路发展：一条是对资本主义生产资料私有制的渐进式改造，即在保持私有产权基础上，对资源配置的产权制度进行调整，把一部分经济权利从资本所

① 阿曼·阿尔钦．产权经济学//盛洪主编．现代制度经济学：上册．北京：北京大学出版社，2003：38.

有者转移给劳动者；另一条是以苏联、中国等国家对资本主义生产资料私有制的彻底否定，逐步建立起社会主义生产资料公有制，这是对资本主义生产资料私有制的彻底否定。在回答共产主义社会制度应当如何运行时，恩格斯认为："私有制也必须废除，而代之以共同使用全部生产工具和按照共同的协议来分配全部产品，即所谓财产公有。"[①]

恩格斯（1847）在《共产主义原理》中写道："社会制度中的任何变化，所有制关系中的每一次变革，都是产生了同旧的所有制关系不再相适应的新的生产力的必然结果。"[②]所有制形式的变化体现着生产力推动生产关系发展的基本规律。但是，私有制并不能一下子被废除，"只能逐步改造现今社会，只有创造了所必需的大量生产资料之后，才能废除私有制"。[③] 在公有制占主导地位的时代，非公有制是公有制的必要补充，如拉法格（Lafague）所说："个人财产是在原始公有制之下产生出来的，它不仅不与原始公有制相矛盾，像经济学家所说那样，而且是它的必要的补充。"[④]

同时还应从更高意义上看清所有制演变的历史趋势及规律。按照生产力推动生产关系发展的规律可知，在中国社会主义初级阶段，生产力的发展程度有待进一步提高，一定程度的非公有制产权的存在和发展有其必然性和必要性。从社会主义制度的基本要求出发，从中国基本国情出发，生产资料所有制必须坚持以公有制为主体、多种所有制形式并存。相应地，在产权方面，也必须坚持以公有产权为主体、多种形式的非公有制产权并存。但是，尽管非公有制的发展有其历史必然性，但随着生产力的不断发展，非公有制迟早会走上消亡之路，整个社会最后就会形成公有制产权模式一统天下，即构建单一的社会主义公有产权制度。

---

①② 马克思，恩格斯．共产党宣言．北京：人民出版社，2018：84.

③ 马克思，恩格斯．共产党宣言．北京：人民出版社，2018：85.

④ 拉法格．财产及其起源．三联书店，1962：41.

1.2　税收与中国产权制度变迁

1.2.1　税收的内涵与本质

税收是一个古老的财政范畴，它随着国家的出现而出现。无国无税，无税无国。数千年前的古希腊、古罗马和古埃及就已存在税收。英美很早就有“只有死亡和纳税是不可避免的”之类的名言。中国唐代诗人杜荀鹤的名句“任是深山更深处，也应无计避征徭”，道出了历史上的赋税制度。

税收的英文名称为“tax”，源于拉丁文“taxo”，含有“必须忍受”“必须负担”的意思。可以说，税收是与人类的文明进程相伴随的，没有税收就不可能创造出辉煌的人类文明。

税收是促进经济发展和社会进步的源泉和动力，没有税收，就不能实现经济增长，没有税收，就不能促进社会进步。税收是政治与经济的交汇点，体现着政治制度及社会变革的深刻性，也展现出经济演进的轨迹。许倬云教授对历史演变有这样一段深刻的论断：“历史的演变未必有任何天定的规律，却仍有若干找寻的轨迹。”[①] 如果注意到汉字“税”的写法，你会发现：“税”字的左边是禾木旁，右边是一个“兑”。从“税”字构成来看，喻示着税最早起源于农业，“税”的探源性解释为：税取之于民，民以禾为兑。即税收最早起源于农业，最早的税收是以农产品形式征收的，即农业税的雏形是以禾苗或粮食为代表的“实物税”。从历史角度观察，我国最早出现的税收的确是农业税，从夏代开始就有“任土作贡”的

① 许倬云．序：中国史与世界史的若干省思，中国文化的发展过程．香港：中文大学出版社，1992：27.

国法，即按土地的好坏分等级征税。《孟子》记载："夏侯氏五十而贡，殷人七十而助，周人百亩而彻，其实皆什一也。"[①]《孟子》记载："方里而井，井九百亩，其中为公田，八家皆私百亩，同养公田，公事毕，然后敢治私事。"[②] 只是到了后来，税收才渗透进工商业、服务业、建筑房地产业等领域，并逐渐演变为"货币税"。

税收是国家财政收入的主要来源，也是政府调控宏观经济、调节国民收入分配的重要杠杆。从本质上说，税收是一种政府行为，体现着政府的意志，但这种意志也绝不是随心所欲的。一国经济的运行模式和经济发展水平制约着该国的税制结构、税负水平和税收征管方式。下面分别从收入分配、公共财政和法学角度探讨税收的本质。

从收入分配角度分析，税收是国家凭借其政治权力强制性参与国民收入分配的一种工具，税收具有强制性、固定性、无偿性的特征。马克思认为："国家存在的经济体现就是捐税。"[③]"捐税体现着表现在经济上的国家存在，官吏和僧侣、士兵和女舞蹈家、教师和警察、希腊式的博物馆和哥特式的尖塔、王室费用和官阶表这一切童话般的存在物于胚胎时期就已安睡在一个共同的种子——捐税之中了。"[④] 列宁认为："所谓税赋，就是国家不付任何报酬而向居民取得东西。"[⑤] 税收从本质上说是一种政府参与分配的行为。

从公共财政角度分析，税收是公共产品的价格。美国法学家奥利弗·霍尔姆斯（Oliver Holmes）有一句经典名言：税收是我们为文明社会所付出的代价。詹姆斯·布坎南（James M. Buchanan）认为，税收是个人为支付由政府通过集体筹资所提供的商品与劳务的

---

① "其实皆什一也"，是说当时的征税率均为1/10。

② 井田制是商代典型的赋税制度，即农户先耕种公田，公田的农活干完之后，才能够耕种私田。公田的全部收入都上缴政府，私田的收入归农户所有。

③ 马克思恩格斯全集：第4卷．北京：人民出版社，1995：342.

④ 马克思恩格斯选集：第1卷．北京：人民出版社，1995：181.

⑤ 列宁全集：第32卷．北京：人民出版社，1984：275.

价格。我们享受政府的公共产品，实际上是因为我们作为纳税人支付了税收，公共产品才能得以提供。所以，税收是公共产品的价格。这里所强调的是税收交换论，即税收体现着政府与纳税人之间的一种利益交换关系。

从法学角度分析，税收又是以法的形式存在的。“法律上的税收概念是指，作为法律上的权利与义务主体的纳税者（公民），以自己的给付适用于宪法规定的各项权利为前提，并在此范围内，依照遵从宪法制订的税法为依据，承担的物质性给付义务”。[①]

1.2.2　中国产权特征分析[②]

（1）中国产权的残缺性

产权通常被划分为四项权利构成，分别是所有权、使用权、收益权和处置权。所有权是指对资产的拥有权，它是首要的一项权利；使用权是允许使用资产的权利；处置权是产权主体对外处置资产的权利。

根据产权的权利构成情况，产权可以分为两大类：一类是完全产权，另一类是不完全产权。换言之，含有四项权利的产权称之为完全产权，少于四项权利的产权被称之为残缺产权或不完全产权。以国有企业产权和农村土地产权为代表的中国产权，是典型的不完全产权形式，这一产权特征给中国经济发展和社会进步带来诸多不利因素。

（2）中国产权的非正式性

正式产权是人们有意识建立起来的并以正式方式加以确立的各种产权安排，它通常有成文规定并由权力机构来保证实施。非正式产权是人们在长期社会经济交往过程中逐步形成，并得到社会认可

---

① 刘剑文，熊伟：税法基础理论．北京大学出版社，2004：13－15.

② 蔡昌．中国产权转型、税收与产权保护．税务研究，2016（1）．

的产权准则，一般缺乏严格的、明确的产权安排。

非正式产权还有可能是一种政府对产权的限制性政策，该政策会影响产权的安全性与收益性。中国政府控制土地的最终用途，这其实就是一项典型的非正式产权。政府有权低价征用农田，然后按照市场价格批租给开发商或商业组织。政府拥有对土地用途的控制权，影响了土地使用者的收入以及依赖于土地的保障功能。虽然政府对土地的控制权是有法律依据的，但这种权利已经超越产权，不利于土地产权的内在结构和功能完整。

中国存在大量非正式产权。非正式产权是形成正式产权的基础，一些正式产权的法律法规就是在非正式产权的基础上形成的，因此，正式产权在一定意义上受到非正式产权的制约。中国产权变迁遵循非正式产权向正式产权演化的基本规律。

1.2.3 中国农村土地产权变迁路径

产权残缺的危害性极大，它扭曲了产权规则，损害了产权主体的合法利益。中国农村土地产权的变迁过程恰好证明了这一点，下面阐述中国农村土地产权的变迁路径。

1949 年以来，中国确立了土地的社会主义公有制，由于公共产权与平均主义分配缺乏激励机制，为偷懒和搭便车创造了条件，导致了土地利用的低效率。1979 年之后，中国农村土地采取承包制，即土地相当于租赁来的，交足一定份额的国家公粮，剩余的就是自己的。这标志着土地使用权回到农民手中，农民拥有生产的自主决策权和土地收益的剩余索取权，因此，农民的生产积极性大大提高。但初期实施的承包制其实只是一种有限期的土地使用权，直到 1993 年，中央政府才决定在第一轮承包到期以后再延长 30 年，到 2008 年中央政府又提出了土地承包制长久不变。这样，中国的农村土地承包制就变成了永佃制。

1987 年，国务院提出土地使用权可以有偿转让。按照土地所有

权与使用权分离的原则，国家在保留土地所有权的前提下，通过拍卖、招标、协议等方式将土地使用权以一定的价格、年期及用途出让给使用者，出让后的土地可以转让、出租、抵押，这是中国土地使用制度带有根本性的改革，打破了土地长期无偿、无限期、无流动、单一行政手段的划拨制度，创立了以市场手段配置土地的新制度。1988 年，国务院决定在全国城镇普遍实行收取土地使用费。与此同时开始试行土地使用权有偿转让、出租、抵押，全国各城市开始建立房地产交易所。党的十四届三中全会决定把土地使用制度的改革作为整个经济体制改革的重要组成部分，并且明确规定了规范和发展土地市场基本要求，即通过市场配置土地资源，实行土地使用权有偿、有限期出让。

2001 年，中央政府颁布实施《物权法》，明确界定了土地承包权的物权性质，实现了承包权从债权到物权的转变，农村土地真正具有了产权性质。土地承包经营权流转遵循“平等协商、自愿、有偿”的原则，由承包方自主决定土地承包经营权是否流转和流转的方式。至此，中国农村土地的出售权才正式归属农民，农村土地也正式进入规范流转阶段。2003 年，随着农村税费改革的推进，中国政府不仅取消了农业税，而且还对农民发放种地补贴，这是一次土地收益权的重大调整。由于种地的制度条件和成本收益发生了重大变化，在大多数传统农业区，土地承包权流转仍以农户之间的自发流转为主，但租出户不仅获得种粮补贴，还能从承租户手中收取一定量的土地租金。

2008 年，中国积极探索农村土地使用权的改革道路，由各级政府对土地产权予以确认，允许土地产权在一定的期限内流转，土地可以按照市场价格作价投资入股、联营合作，从而实现农业的规模化、集约化与市场化经营。允许土地承包权按市场价格流转是土地产权的一个伟大飞跃，其实是否拥有土地所有权已经不重要了，即土地所有权被掏空了，土地使用者的权益就得到了充分保护。2013

年，中央政府强调“建立归属清晰、权能完整、流转顺畅、保护严格的农村集体产权制度，是激发农业农村发展活力的内在要求”。与此同时，中国政府改革征地制度，即在缩小征地范围的基础上，改产值补偿为市场价值补偿。这是土地收益权的最新改革动态，体现了国家对土地使用权主体的尊重和对土地潜在价值的考虑，是一种合理的土地收益补偿机制。2014 年，党的第十八届三中全会进一步提出，“建立城乡统一的建设用地市场，在符合规划和用途管制前提下，允许农村集体经营性建设用地出让、租赁、入股，实行与国有土地同等入市、同权同价”，这更为清晰地明确了农村土地的产权流转问题。2017 年 10 月 31 日，中国的土地承包法修正案明确，国家依法保护农村土地承包关系稳定并长久不变，为给予农民稳定的土地承包经营预期，耕地承包期届满后再延长 30 年。

中国政府在落实农村土地集体所有权的基础上，稳定农村土地承包关系并保持长久不变，在坚持和完善最严格的耕地保护制度前提下，赋予农民对承包地占有、使用、收益、流转及承包经营权抵押、担保权能，引导和规范农村集体经营性建设用地入市。同时，在坚持农村土地集体所有的前提下，促使承包权和经营权分离，形成所有权、承包权、经营权三权分置，经营权流转的格局。“三权分置”框架下，所有权、承包权和经营权既存在整体效用，又有各自功能。实施“三权分置”的重点是放活经营权，核心要义就是明晰赋予经营权应有的法律地位和权能。“三权分置”思想是我国农村土地改革的方针政策。

根据上述分析，中国农村土地产权变迁路径如图 1－1 所示：农村土地所有权属于公有产权性质，但土地使用权、收益权、处置权逐步由国家让渡给产权使用者，这一过程从 1979 年算起，时至 2018 年历经 40 年之久。中国农村土地产权变迁路径印证了中国产权逐步由不完全产权走向权能完整的产权形式，由非正式产权走向正式产权形式的变迁过程，这既体现了 40 年来经济改革所带动的产

权变革要求，也彰显出产权效率与公平性要求是产权变迁的基本动力。

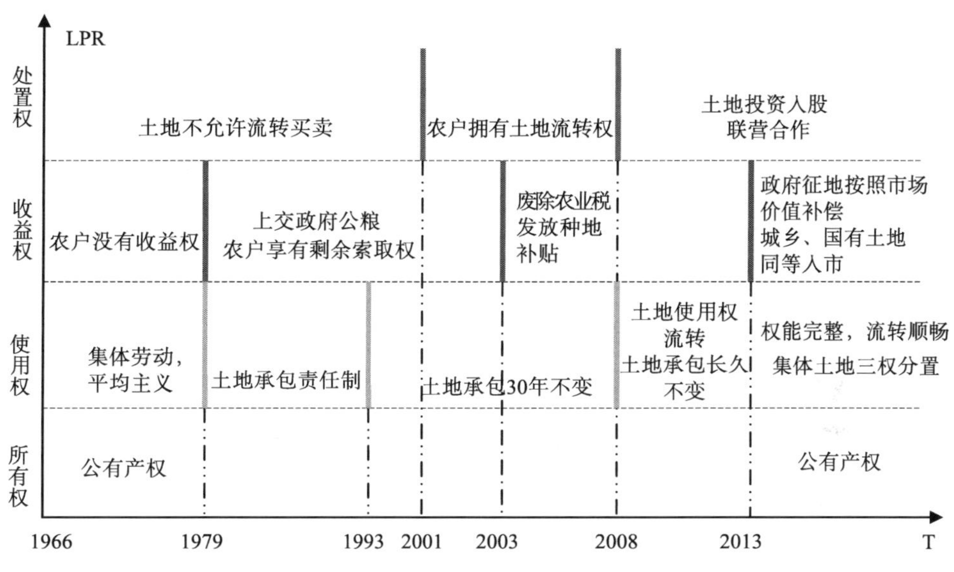

图 1－1　中国农村土地产权变迁路径

1.2.4　中国非公有制经济制度变迁

中国从社会主义计划经济体制到市场经济体制的转型，被著名经济学家张五常称为“历史上最为伟大的经济改革计划”，被科斯和王宁称为“人类行为意外结果理论的一个极佳案例”，使得资源配置由市场经济的“产权规则”取代计划经济的“等级规则”。中国经济的成功转型实质上是一场产权制度变革，彰显了经济社会环境诱变产权制度作出适应性变革的制度演化机理。

自 1978 年改革开放以来，中国经济体制改革已历经 40 年，在这一过程中，中国逐步形成以公有制为主体、多种所有制共同发展的基本经济制度，非公有制经济也获得了持续快速发展。公有制和非公有制的发展壮大统一于社会主义伟大建设事业，体现着中国特色社会主义产权制度的优越性。

改革开放 40 年来，中国民营经济从小到大、由弱变强，在稳定增长、促进创新、增加就业、改善民生等方面发挥了重要作用，成为推动经济社会发展的重要力量。可以这样讲，没有中国特色社会主义，就没有非公有制经济的发展；没有非公有制经济的发展，也就没有改革开放的巨大成就。

1979 年 9 月，中共中央在一个决定中指出："社员自留地、自留畜、家庭副业和农村集市贸易，是社会主义经济的附属和补充，不能当作所谓的资本主义尾巴去批判。"1980 年 5 月，农村放宽政策，逐渐实行包产到户制度试点，再到后来将自留地模式推广到人民公社的全部土地上，土地制度改革的效果初步显现。

1981 年 6 月，十一届三中全会通过的《关于建国以来党的若干历史问题的决议》明确提出："社会主义生产关系的变革和完善必须适应于生产力的状况，有利于生产的发展。国营经济和集体经济是我国基本的经济形式，一定范围内的劳动个体经济是公有制经济的必要补充。"这是我国对社会主义所有制形式的新认识。

1982 年 12 月 4 日五届全国人大五次会议通过的《宪法》规定："城乡劳动者个体经济，是社会主义公有制经济的补充。"自此，非公有制经济才逐步得到恢复和发展。1984 年 10 月召开的十二届三中全会提出："坚持多种经济形式和经营方式的共同发展，是我们长期的方针。"在这个精神指导下，非公有制经济获得了快速发展。1988 年 4 月召开的七届全国人大一次会议通过的宪法修正案规定："国家允许私营经济在法律规定的范围内存在和发展。国家保护私营经济的合法的权利和利益，对私营经济实行引导、监督和管理。"

在邓小平 1992 年初南方谈话和党的十四大以后，中国贯彻执行以公有制为主体、多种经济成分共同发展的方针。国家工商局于 1993 年制定了《关于促进个体经济、私营经济发展的若干规定》，在从业人员、经营范围、经营方式和审批程序上都有不同程度的放宽。党的十五大把"公有制为主体、多种所有制共同发展"确立为"我国的基本经济制度"，明确提出"非公有制经济是我国社会主义

市场经济的重要组成部分”。这就为包括个体经济在内的非公有制经济作了正确的定性和定位，为其发展拓展了广阔的空间，这是在社会主义所有制的认识方面的又一次思想大解放，创新了公有制实现形式的认识，明确了股份制“资本主义可以用，社会主义也可以用”，应当成为公有制的主要实现形式。党的十六大提出“毫不动摇地巩固和发展公有制经济，毫不动摇地鼓励、支持和引导非公有制经济发展”，“充分发挥个体、私营等非公有制经济在促进经济增长、扩大就业和活跃市场等方面的重要作用。放宽国内民间资本的市场准入领域，在投融资、税收、土地使用和对外贸易等方面采取措施，实现公平竞争。依法加强监督和管理，促进非公有制经济健康发展。完善保护私人财产的法律制度。”2004 年 3 月全国人大十届二次会议通过的宪法修正案作出明确规定：“国家保护个体经济、私营经济等非公有制经济的合法的权力和利益。国家鼓励、支持和引导非公有制经济的发展，并对非公有制经济依法实行监督和管理。”党的十八大进一步提出：“毫不动摇地鼓励、支持和引导非公有制经济发展，保证各种所有制经济依法平等使用生产要素、公平参与市场竞争、同等受到法律保护。”党的十八届三中全会提出：“公有制为主体、多种所有制共同发展的基本经济制度，是中国特色社会主义制度的重要支柱，也是社会主义市场经济的根基。公有制经济和非公有制经济都是社会主义市场的重要组成部分，都是我国经济社会发展的重要基础；公有制经济财产权不可侵犯，非公有制经济财产权同样不可侵犯；国家保护各种所有制经济产权和合法权益，坚持权利平等、机会平等、规则平等，废除对非公有制经济的各种形式的不合理规定，消除各种隐性壁垒，激发非公有制经济活力和创造力。”党的十八届三中全会决定还明确指出“完善产权保护制度，积极发展混合所有制经济，推动国有企业完善企业制度，支持非公有制经济健康发展”，鼓励非公有制企业参与国有企业产权改革，鼓励发展非公有资本控股的混合所有制企业。党的十八届四中全会提出要“健全以公平为核心原则的产权保护制度，加强对各种所有制经济组织和自然人财产权的保护，清理有违公平的法律法规条款”。党的十八届五中全会强调要“鼓励民营企业依法进入更多领域，引入非国有资本参与国有企业改革，更好地激发非公有制经济活力和创造力”。党的十九大把“两个毫不动摇”写入新时代坚持和发展中国特色社会主义的基本方略，作为党和国家的一项大政方针进一步确定下来。这就把非公有制经济的地位提高到一个新的高度，促进非公有制经济发展到了一个新阶段。

混合所有制经济的发展是国有企业产权转型的一个信号，不仅突出了产权转型的理论创新，也体现着国家对混合经济的高度重视，这是对未来产权改革方向的新抉择。实施混合所有制改革，有利于建立起产权明晰、责任分明的产权结构，以明晰的产权安排建立起有效的监督机制以及科学化的收益分配机制。

混合所有制经济是一种典型的正式产权，混合所有制经济的正常运行还必须建立和完善多层次、多功能的产权交易市场体系，建立健全审计评估、产权转让、股权登记、涉税鉴证等一体化的中介服务体系，提高产权交易的市场化程度，为混合所有制经济的发展提供有效运转的平台，保障产权交易在“公开、公平、公正”的基础上有序运转，打造适应混合经济发展的外部环境，促进混合所有制企业竞争力的不断提升。其实，从长远角度观察，国有产权转型的方向是实现国有产权逐渐退出一般性竞争领域，不与民争利。而将国有资产主要布局于关系国计民生的重点行业、公益垄断性领域，并在这些领域发挥引领作用。

党的十九大以后，关于“国进民退”的说法在社会上不断传播。习近平总书记在社会上关于民营企业的地位、前景出现一些杂音的关键时刻，主持召开民营企业家座谈会并发表重要讲话，揭示中国非公有制经济的发展规律和方向：“我国非公有制经济，是改革开放以来在党的方针政策指引下发展起来的。公有制为主体多种

所有制经济共同发展的基本经济制度，是中国特色社会主义制度的重要组成部分，也是完善社会主义市场经济体制的必然要求。”[①] 习近平总书记还强调要从以下六个方面落实促进民营企业发展的政策举措：第一，减轻企业税费负担……加大减税力度，推进增值税等实质性减税，而且要简明易行好操作，增强企业获得感；第二，解决民营企业融资难融资贵问题。要优先解决民营企业特别是中小企业融资难甚至融不到资问题，同时逐步降低融资成本；第三，营造公平竞争环境，要打破各种各样的“卷帘门”“玻璃门”“旋转门”，在市场准入、审批许可 、经营运行、招投标、军民融合等方面，为民营企业打造公平竞争环境，给民营企业发展创造充足市场空间，要鼓励民营企业参与国有企业改革；第四，完善政策执行方式。任何一项政策出台，不管初衷多么好，都要考虑可能产生的负面影响，考虑实际执行同政策初衷的差别，考虑同其他政策是不是有叠加效应，不断提高政策水平；第五，构建亲清新型政商关系；第六，保护企业家人身和财产权益。稳定预期，弘扬企业家精神，安全是基本保障。

改革开放 40 年来，中国一直探索社会主义市场经济制度的发展模式和基本规律，在坚持公有制经济主体地位前提下，鼓励、支持和引导非公有制经济发展，通过制定一系列政策法规，积极改善非公有制经济发展的政策环境、法制环境、市场环境和社会环境。民营企业发展的总趋势仍然是机遇大于挑战，非公有制经济发展不仅具有广阔的外部空间，还具有巨大的内在势能，我国经济总量足够大、市场需求足够大，完全容得下各种所有制经济平等竞争、共同发展。但是也要看到，改革是一个循序渐进的过程，不可能一张蓝图囊括所有，很多具体问题也不可能一下子全部解决，而是要在实践中不断调整、改进和完善。

---

① 习近平．在民营企业座谈会上的讲话．2018 – 11 – 1.

1.3 雄安崛起与中国特色公有制产权模式

1.3.1 雄安崛起：起于沼泽，兴于新时代

古有长安，今有雄安！一个曾经异常偏僻的沼泽地，一个名不见经传的小地方，过去地图上被标识为白洋淀，以往几乎无人问津，给人些许印象的只是一片片芦苇荡，被世人所熟知还是因为孙犁的散文名篇——《白洋淀纪事》；白洋淀生长着大面积的荷花，生活着不知名的水鸟，也放养着成群的鸭子，据说供应北京全聚德烤鸭店的鸭子全部来自白洋淀。除此之外，可能再没有什么值得被提起的了。2017 年春天，国家决定建立雄安新区的消息不胫而走，一夜之间传遍长城内外、大江南北，雄安也因此横空出世，声名远播。

雄安崛起是一个契机，更是一个奇迹！自古中国就有“风水轮流转”的说法，可能是遵循物极必反的辩证规律，雄安昔日曾是河北乃至华北地区最穷困的地区之一，而穷到极点便是运转之时，雄安在“十三五”期间迎来了名垂史册、功盖千秋的发展机遇。

2015 年 2 月，习近平总书记在中央财经领导小组第 9 次会议审议研究《京津冀协同发展规划纲要》时，就明确提出“多点一城、老城重组”的思路。“一城”是要研究思考在北京之外建设新城问题。2016 年 5 月，中共中央政治局会议审议《关于规划建设北京城市副中心和研究设立河北雄安新区的有关情况的汇报》，“雄安新区”首次出现在汇报稿的标题之中，雄安新区的范围被锁定为“雄县—容城—安新”。这次中共中央政治局会议上原则通过《关于研究设立河北雄安新区的实施方案》，此时雄安新区的规划工作还在高度保密的情况下展开。

2017 年 4 月 1 日，雄安新区设立的消息正式向社会公布。2018 年 2 月 22 日，习近平总书记主持召开中共中央政治局常委会会议，听取河北雄安新区规划编制情况的汇报。这次会议上中央政治局令人瞩目地提出了创造“雄安质量”的要求。会议原则上通过规划框架，要求适时批复规划纲要。2018 年 4 月 21 日，社会各界期待已久的《河北雄安新区规划纲要》向全社会公布。

根据《河北雄安新区规划纲要》，雄安新区的规划建设基本格局如下：（1）规划面积为 1770 平方公里；（2）雄安新区建成后将形成“一主、五辅、多节点”的空间格局；（3）雄安城轴线西延太行山，东指向渤海，东西轴线公共配套星罗棋布，产业布局秩序井然；北望潭柘寺、定都峰，南经大溵古淀，南北轴线上历史文化生态设施有序布局，彰显中华文明千年神韵。

1.3.2　雄安新区的公有制产权制度安排

雄安崛起将会带来京津冀地区千年发展的历史机遇。这要从华北地区的经济发展战略谈起，20 世纪 80 年代，北京地区的发展被定位为“京津唐经济圈”，但是唐山的发展受制于河北的社会经济大环境，天津的发展一定程度上受到北京的影响，因此“京津唐经济圈”30 年来并未呈现出蓬勃发展的态势，而“长三角经济圈”“珠三角经济圈”以其改革开放力度和资源集聚优势迅速超越华北地区的经济发展。党的十八大以后，“京津冀协同发展”思路被中央决策层采纳，由于河北多年来的滞缓发展是京津地区经济发展的掣肘，“京津冀一体化”是解决北京、天津发展问题的关键。考虑到北京首都功能疏解与地理区位因素，最终确定在雄安设立新区，以促进“京津冀协同发展”，终极目标是实现“京津雄”经济圈、城市圈的形成与长久性发展。自此，“京津唐”被“京津雄”所替代。

根据地理区位分析考察发现，京津相距 125 公里，京雄相距

125 公里，津雄相距 126 公里，三地恰好构成一个近似等边三角形，呈三足鼎立之势，笔者权且将其称为“黄金三角带”，如果投资于该区域，未来有望获得远远超出其他地区收益率的丰厚回报。

再观察雄安新区，辖区内的“雄县—容城—安新”也恰好构成一个小小的三角形，依然呈三足鼎立之势。而这种三角格局是我国多年来经济文化积淀下来的经济思维模式的独特贡献、区域发展理念及经验的缩影，三足鼎立之势是资源配置之精妙构局，既可独立成章，又可联结成篇，既显示出丰富的内涵特质，又不显现纷繁乱局，三部分之间交相辉映，相辅相成，相得益彰。

雄安新区不仅地理布局精妙，而且也体现出独特的产权创新优势，这与未来雄安新区的资源配置与战略发展息息相关。未来雄安新区被定位为首都副中心，可以大胆猜想，雄安新区的产权制度以其独特个性将开创公有制产权模式之先河，雄安新区的产权制度被坊间称为“三无模式”，即“无产权、无市场、无户籍”。

下面详解“三无模式”的基本内涵：首先，“无产权”是指雄安新区的房地产只租不售，即房地产无产权，投资者不能购买产权或政府限制产权，投资者只能获得房地产有限时间长度的使用权，这将限制投资者通过产权获得财产性收入，防止房地产市场炒作，进一步凸显劳动创造价值的内涵思想与魅力；其次，“无市场”是指没有完善的房地产所有权市场交易，甚至出现房地产交易市场受限局面。但一般性的消费品市场、生产资料市场、劳动力市场、服务市场等还继续存在，与其他非试点地区并无二致。尤其要提及的是房地产租赁市场，雄安新区未来该类市场的成熟度要远远高于其他地区；第三，“无户籍”，据说未来作为户籍制度改革的试点地区，雄安新区可能不再设置户籍门槛，只要是合适的人才都可被引进雄安新区工作，真正实现人才的自由流动与自主择业。户籍制度改革方向可能是将与住房、教育、社会保障等与户籍制度彻底脱钩，基本实现雄安新区无户籍，即政府可能会在雄安新区废除户籍

制度。未来的雄安，不再对人才引进设置任何户籍壁垒，因雄安新区设立而引起的户籍制度变革将是中国历史上一次颠覆性的人事制度变迁事件，历史悠久的中国户籍制度也可能因此而逐渐消失在神州大地上。雄安新区也将正式成为第一个名副其实的“纯粹公有制产权试验田”，从而开启一扇中国产权制度变革之门。

根据上述猜想和论证，可以预见：未来中国“纯粹公有制产权制度”将有效放大公有制产权制度的优势，推动国民经济发展和社会进步，并逐渐与广大人民群众的“幸福感”“获得感”相融合。我们有理由相信，“纯粹公有制产权制度”是财富创造之源与幸福大门开启之源，也将与西方私有制产权制度并存于世，并迅速成为推动人类文明进步的另一个成功的产权制度经济学版本。

1.3.3　中国特色公有制产权税收制度创新

雄安崛起，不仅代表着公有制产权制度的变革，也将在中华大地上构建一种新型的产权税收制度。“纯粹公有制产权制度”也必然产生新型的产权税收制度。在纯粹公有制产权制度框架下，不再有绝对的产权私有制，不再有被少数人控制的垄断资源及资产的永久使用权，而是牢牢树立公有制产权理念，深入贯彻“民享民控民用”观念，从而使得公有制产权制度成为新时代中国特色社会主义一面高高飘扬的产权大旗。对纯粹公有制产权制度的精华进行阐述，以雄安新区为例，可以概括为：所有的雄安新区的房地产产权都属于公有制，没有私有产权的存在和市场交易行为。这一产权制度变革，从市场交易角度分析，完全是以交易形式取代产权模式，即产权所有模式（产权持有模式）被彻底颠覆，租赁交易形式完全取代产权所有模式（产权持有模式）；租赁获得的是一种产权使用权，即未来产权使用权彻底替代产权所有权而成为新型产权关系的灵魂和典型形式。

产权制度改革更多地与资源（资产）的使用权、经营权相关联，就如目前推行的农村集体土地“三权分置”方案一样，农村土地的所有权（国家所有）、使用权（占有者拥有）、经营权（最终使用者获取）相分离。由此而带来的是对资源（资产）使用权的征税问题，对拥有资源（资产）使用权的状态征税，对使用权转移或让渡交易征税。由此来看，中国的税收也将进入一个制度突变期与适应性调整期。从这一变革过程观察，房地产税、增值税、个人所得税、企业所得税将首当其冲受到严重冲击，将成为产权税收制度创新中亟待变革的重要税种，中国也将根据产权关系模式的调整而构建一种基于产权类型划分和满足产权分置要求的税收体系。

雄安新区的崛起，代表新时代中国特色公有制经济模式的确立，代表新时代中国产权制度裂变的开始，也代表中国将开创新型的公有制产权税收模式，不断适应即将拉开的深化经济改革与制度供给创新。

第 2 章　产权税收论的思想渊源

如果产权构造使人们只得从事社会生产活动，就会出现经济增长……政府应该负责保护和强制执行产权，因为他们承担这项职能的成本比私人自愿集团的成本要低。

——道格拉斯·C. 诺斯（Douglass C. North）

2.1　科斯定理与资源配置效率

2.1.1　科斯定理

（1）科斯第一定理

科斯认为，在交易费用为零的情况下，资源达到最优配置效率的结果与产权安排无关，而收益分配却与产权安排有关。这被后人称为“科斯第一定理”。科斯第一定理强调的是产权制度的明晰性，如果产权是明确界定的，在不考虑交易费用的情况下，无论产权是由交易的哪一方拥有，都能带来社会资源的有效配置，都会形成帕累托最优效率。

（2）科斯第二定理

在社会经济实践中，交易费用为零的假定是很不现实的。市场交易一般都需要通过讨价还价缔结合约，并通过制度安排督促合约条款的严格履行等，这通常是要花费成本的。所以，一旦考虑到交易费用，产权的界定与归属必然会对社会资源的配置及经济效率产生影响。因此，在交易费用为正的情况下，合法产权的初始界定会对经济制度运行的效率产生影响。产权的一种调整可能会比最初的产权制度或其他的产权调整产生更多的产值或经济收益。但除非这是法律制度确认的产权安排，否则通过转移和合并产权达到同样后果的市场交易费用会很高，以至于最佳的产权配置以及由此带来的更高的产值也许永远不会实现。这被后人称为“科斯第二定理”。

科斯第二定理强调的是交易费用会对产权配置下的经济效率产生影响，即如果交易费用①为正，不同的产权安排必然会带来不同的资源配置，必然影响到经济效率。推而广之，不同的产权制度下，交易成本不同，从而会导致不同的资源配置效率，即产权制度是决定经济效率的重要内生变量。所以，为了优化资源配置，产权制度的安排和选择是至关重要的。

科斯进一步认为，产权的安排方式主要有市场、企业和政府管制三种基本方式，而制度变迁也就是产权的重新安排，即一种产权安排向另一种产权安排的转化。对于企业与市场的区别主要体现在交易费用的差异上，在企业内部配置资源不需要交易费用，而资源的市场配置过程离不开交易费用。若没有企业，则所有的资源配置都要通过市场交易完成，交易费用会很高。若存在企业，则企业内部的资源配置会大大减少交易费用。所以，企业是对市场的一种替代。由于存在企业内部资源配置的组织费用，随着企业规模的不断扩大，组织费用会越来越多，当组织费用超过交易费用时，企业反而不如市场配置资源更合适。所以，存在着一个最佳企业规模，最佳企业规模应该是边际交易费用与边际组织费用相等的那一均衡点，在该点上，整个社会的总成本最小。

（3）科斯第三定理

① 无论如何，交易费用都是社会财富或资源的一种浪费。交易费用的大小反映了交易的效率。

科斯第三定理通常被表述为：如果没有产权的界定、划分、保护、监督等规则，即没有产权制度，产权的交易就难以进行。即产权制度的供给是人们进行交易、优化资源配置的前提。[①]

不同产权制度下交易活动的交易费用是不一样的。合理清晰的产权界定有助于降低交易费用，因而激发了人们对制定产权规则、建立产权制度的热情。但产权制度的建立不是无代价的。对产权制度的设计、制定、实施和变革是需要耗费成本的，这就是制度成本。科斯第三定理强调的是从产权制度的成本角度对产权制度作出选择。

科斯定理所要解决的问题就是如何通过产权关系的调整，安排合理而有效的产权制度，降低或消除市场机制运行的交易费用，提高运行效率，优化资源配置。“科斯第一定理”是“科斯第二定理”的反衬和铺垫，“科斯第二定理”将产权安排、交易费用与资源配置效率结合起来，使社会找到了资源优化配置的有效途径，即依赖政府的力量使社会经济生活中的各种产权得到清晰界定，并得到法律制度的支持和保护。“科斯第三定理”建立在“科斯第二定理”的基础之上，重点揭示了不同产权制度设计的成本差异及其与资源配置效率的相关性，告诉人们应该如何选择制度才是合理而有效的。

2.1.2　税收、产权与资源配置效率

科斯定理的本质是关于产权安排与资源配置效率的定理，其核心是交易费用。基于交易费用为正的分析，提出关于产权安排与资源配置效率之间关系的理论。在科斯定理的启示下，对税收、产权与资源配置效率之间的关系提出如下三个推论：

推论 1：在信息对称且税收中性的前提下，若交易费用（涵盖

① 黄少安．产权经济学导论．北京：经济科学出版社，2004：284.

涉税交易费用）为零，则税收不会影响资源的配置效率。

推论 2：在现实的社会经济环境中，交易费用（涵盖涉税交易费用）为正，则税收会对资源的配置效率产生重大影响，资源趋于流向税负较低的领域。

推论 3：税收制度是对税收征纳双方权益的约定、保护和监督的一组规则，没有税收制度，不能保护正常交易的税收利益。

下面分析、解释税收、产权与资源配置效率的三个推论：

第一，推论 1 所要表达的经济含义是：在信息对称、税收中性的前提下，涉税交易费用为零的理想状态下，税收与资源配置效率不相关。这一理想结论是建立在信息充分有效的前提下的，此时，税收对交易及资源配置效率的可能影响恰好被当事人对交易的合理预期调整所抵消。其实，假定涉税交易费用为零是不现实的，但这一推论提供了一个相当严谨的分析框架。

第二，推论 1、推论 2 中所提到的涉税交易费用，涵盖在交易费用之中，是交易费用的一部分。涉税交易费用主要是指与税收征纳相关的费用，其范围除了涵盖征税成本和纳税成本外，还包括一部分隐性税收成本，比如因税收而调整交易的费用。

第三，税收是交易结构中强制性塞进来的“楔子”，对交易起着阻碍作用。没有税收的存在交易会更流畅，因此，税收就好比是经济交易的“摩擦力”，税收不可避免地对资源配置效率有着重要影响。推论 2 不仅承认税收对资源配置效率的影响，而且还给出了税收对资源配置及资源流向起着引导作用。推论 2 还说明税负降低可以利用税收筹划的合法手段来实施，且指明了税收筹划的重点，即从资源流向的角度去分析，实现资源在低税负领域积聚、沉淀并发挥作用。

第四，推论 3 从制度优势角度分析了最优税收制度对税收利益的保护作用。同时，也隐含了税收制度的建立是需要耗费交易费用的，尤其是建立、实施并维护具有公平、中性特质的税收制度更是

代价高昂，成本不菲。实质上，税收是调节经济的一种手段，税收制度也可称之为配置资源的一种有效方式。

第五，税收是关于征纳双方权益保护的一组规则，体现着一种契约关系。税收制度的根本目的不仅在于保障财政收入，而且还在于实现资源配置的高效率。因为税收制度可以归结为一种有效减少信息不对称的制度安排。

第六，税收制度作为“制度”中的一个方面，同样具有“制度”一般的属性和功能。税收制度的功能之一在于核定“交易”的数量及其涉税额。一项“制度”的选择和重新安排，是按照交易费用最小化原则来进行的。税收制度也不例外，税收制度的变迁也以“交易费用最小化”为原则来选择和安排。

2.2　产权结构与税收模式的演进路径

2.2.1　产权结构的历史演进

（1）原始社会的产权结构

对于原始社会的产权属性，学界普遍认为从人类社会的产生到原始社会末期，是人类的渔猎与采集经济时期，实行的是人人平等、生产资料公有、收获物平均分配的原始共产主义；生产力发展水平极为低下，几乎没有剩余产品，因而社会发展进步极为缓慢。[①] 原始社会是以生产资料公有制为基础的社会。[②] 以土地及其附于其上的公有资源为主要内容的原始社会的产权，基本上是公有产权，是自然形成的最原始的人类社会产权结构。

---

① 马世力．世界经济史．北京：高等教育出版社，2001.

② 朱寰．世界上古中古史．北京：高等教育出版社，1997.

（2）奴隶社会的产权结构

到了原始社会末期，生产工具发生变革，人类的劳动生产率不断提高，剩余产品出现，为私有制的产生提供了条件。第一次社会大分工以后，由于人的劳动能够生产出剩余产品以及交换的经常化，使得部落酋长与家族首领利用担任公职的方便条件，在对内分配产品和对外交换中，把一部分集体财物窃为己有，从而出现了私有财产。最初成为私有财产的只限于牲畜、农产品等物品。第二次社会大分工以后，生产劳动日益个体化，出现以交换为目的的商品生产，从而进一步瓦解着氏族部落的公有制。[①] 此外，氏族部落间日趋频繁的战争，让更多异族战俘成为奴隶，这使奴隶主阶级剥夺奴隶阶级的剩余价值成为可能。由于奴隶毫无人身自由，被视为奴隶主的财产，可以自由买卖，所以奴隶既是生产资料的使用者，也是生产资料的组成部分，其创造生产的产品及其本身全部归奴隶主支配和占有。自此，生产资料和财产归属于私人所有，人类社会逐步从公有制产权过渡到私有制产权。

（3）封建社会的产权结构

在封建社会中，私有制得到进一步发展。虽然世界各地存在文化、信仰等因素的差异，各个封建统治帝国推行不同的统治制度，如“分封制”“封土封臣制”“领主农奴制”“采邑制”等，但这些制度都有其相近之处。名义上，君主拥有国内一切土地和土地上的生产资料的产权，其实大部分生产资料被各诸侯或皇室贵族所掌握。从这一角度分析，封建社会实质上是以君主为代表的地主阶级占有全部生产资料产权的私有制。在这一时期，虽然人类对产权仍处于“知其然而不知其所以然”的状态，但已开始探索产权结构细分的实践模式，把使用权、收益权从产权束中分离出来。以分封制为例，君主通过分封诸侯，把土地的使用权和收益权赋予王室子

---

① 朱寰．世界上古中古史．北京：高等教育出版社，1997.

弟、功臣等人，要求受封者协助君主镇守边疆，维护封建君主的统治。人类对产权结构的探索，一定程度上激活了该时期的生产积极性，曾经一度提高了社会生产率，在中国出现了“文景之治”“光武中兴”“贞观之治”“康乾盛世”等阶段性的盛世时期。

（4）资本主义社会的产权结构

资本主义社会的出现使产权私有化达到人类社会空前的鼎盛时期。随着封建社会的瓦解，资本主义力量的兴起，使人们越发认识到完整产权的重要性。随着封建权力的衰落，商品经济蓬勃发展，最终促进自然经济的彻底解体。这一时期，土地兼并、圈地运动愈演愈烈，自给自足经济的解体意味着农民和手工业者要通过出卖自己的劳动力来从资本家手中获取报酬，底层人民的人身依附关系解体，转换为一种纯粹的雇佣关系。在封建社会中，生产资料名义上归君主所有，劳动者享有生产资料的使用权和收益权，用这些生产资料所获得的产品，缴纳税赋后的剩余部分归劳动者所有。在资本主义社会中，私有制得到社会充分的认可，出现了大批失去生产资料而不得不出卖劳动力的劳动者。资本主义生产把从前个人的生产资料社会化，生产产品也从个人产品变成社会产品。与封建社会不同的是，这些社会化的生产资料和产品并不属于那些真正使用生产资料从事生产的劳动者，而是归资本家所有。对于劳动者的付出，资本家仅以工资作为回报，从而形成以私有产权为根基，以资本为纽带联结而成的产权结构。随着新航路的开辟，欧洲国家的海外扩张越来越频繁，资本家发现单靠个人财富难以实现经济增长，于是开始探索出让部分公司所有权来获取资金的合作模式。至此，以生产资料私有、以资本为纽带的股份制经济开始萌芽生长。

（5）中国特色社会主义公有制产权结构

中国特色社会主义社会的产权特征表现为公有制、非公有制等多种产权形式并存。习近平总书记 2018 年 9 月在辽宁考察时重申“两个毫不动摇”的重大方针：要毫不动摇巩固和发展公有制经济，

毫不动摇地鼓励、支持、引导非公有制经济发展。当前阶段，推进中国特色社会主义公有制经济发展，并不是要消灭非公有制经济，而是在中国当前现实条件下，积极探索多种所有制经济共同发展的新型产权模式，集合多种性质产权的合力，推进社会经济发展，解决中国社会的基本矛盾。

共享经济的出现，是中国特色产权模式转型的契机与分水岭，其可能导致更多的产权细分规则的形成，凸显了使用权的价值，共有产权由此应运而生。共享经济模式与人类的生产活动密切相关，甚至渗透进人类社会生活的各个层面，如共享单车、共享汽车、共享睡眠舱、共享土地等。共享经济的本质，是拥有“某项闲置资源”的经济个体（使用权供给方）把“资源”有偿让渡给他人（使用权需求方），各取所需，发挥闲置资源的价值，促进资源优化配置。然而，由于信息不对称问题的存在，使用权供给方与使用权需求方之间的通道是闭塞的，这就需要一个媒介成为使用权的供给方与需求方之间的桥梁。现实中的共享经济，“资源”使用权供给方同时也是媒介，且供给的“资源”并不是闲置品，而是新产品。这就意味着资本为了抢占市场，其既要承担“资源”的生产和投放，又要搭建使用权供给方和使用权需求方的桥梁。因为市场经济本身所存在的盲目性和滞后性，极易造成“资源”的生产与投放供过于求，导致资源的错配与浪费，导致资源配置效率低下。大大小小城市里一个又一个共享单车的“堆填场”就是最好的例证。

最优共享经济模式应是使用权供给方、使用权需求方、中介方为三个相互独立的经济主体。媒介方通过高度发达的信息网络技术，把供给方和需求方联结起来，提高资源利用效率，减少资源错配和浪费。同时借助社会分工的细化，激活使用权供给方和媒介方市场，真正提高资源的配置效率。随着人类对共享经济更多实现形式的探索，产权细分将得到进一步的深化，从而演变为一种新型产权模式，从而形成区别于原始社会，依赖使用权，而非所有权的新

"大同"社会。

2.2.2　税收模式的演进路径

(1) 从维护君主统治到促进国民财富分配

税收的起源可追溯至夏朝的建立。国家与政府出现后，由于政府不从事生产，无法获得执行国家社会职能所必需的物资，所以税收的存在天然是为了筹集财政收入以维护国家的存在，正如马克思所言："赋税是政府机器的经济基础，而不是其他任何东西。"① 诚然，历朝历代中出现很多了昏君、暴君，他们误以为税收只是为统治阶级聚敛财富的工具，横征暴敛，沉重的苛捐杂税激发了人民的不满，爆发了陈胜吴广起义、黄巾起义、黄巢起义、闯王起义等农民运动。税收作为统治阶级维护统治的工具，却成为推翻其政权统治的导火索。在中国五千年的历史长河中，主流的税收思想是民众向国家缴税，国家保护民众的产权。早在周朝时期，"以荒政十有二聚万民""以保息六养万民"等德为善政、政在养民的理念已被记载成册②，这也体现了古代劳动人民之所以把上缴国家的财富称之为"税"的原因③。

随着私有制的不断推进，生产社会化与生产资料私有化的基本矛盾使社会贫富差距拉大，阶级矛盾增加，于是人们开始对税收职能提出新的要求。阿道夫·瓦格纳（Adolf Wagner）认为：关于赋税，第一是有纯财政的目的，第二则是应当树立社会政策的目的。所谓税收政策目的，就是以调节在自由交易下所产生的分配不平等为目的。人们寄希望于税收来弥补社会阶层之间悬殊的贫富差距，即通过征税在国民财富初次分配和再分配中降低富人阶层的收入，

---

① 马克思恩格斯全集．人民出版社，2006.

② "以荒政十有二聚万民""以保息六养万民"，出自于《周礼》。

③ "税"由"禾""兑"两字组成，"禾"者为农产品，古代实物税赋主要为从土地收获的谷物。"兑"者兑换也，即交换之意。人民将生产的谷物交纳给国家，换取国家保护人民的生产、生活平安。

并将税收收入转化为转移支付资金，增加贫困阶层的收入，进而提高税收对国民财富分配的调节作用。

（2）从政府敛财到调控经济

20世纪30年代，自由放任的资本主义经济陷入困境，市场处于大萧条状态。凯恩斯（Keynes）认为要积极发挥政府在市场经济中的作用，加强政府对市场经济的干预程度，包括采取税收等手段调节经济，赋予税收新的宏观调控职能。凯恩斯提出“国家必须改变税收体系，限定税率以及其他办法，指导消费倾向”。罗伯特·萨缪尔森（Robert A. Samuelson）认为“除了转移支付规划以外，我们还必须把通过对不同收入阶级的赋税差别而实现的任何收入的再分配包括到现代福利国家的活动之内”。当经济发生周期性波动时，国家需要采取财政与货币政策进行宏观调控，发挥税收“内在稳定器”的作用。在这一时期，西方市场经济国家普遍认可税收在调控经济中的积极作用。

（3）中国税收模式的演进规律

在主流经济学中，物的配置是研究问题和解决问题的核心，人的冲突为从属性问题，图2-1揭示了“从确权到税收的逻辑”。从历史角度分析，解决问题的关键在于确权，而税收更多扮演辅助性角色。如今的中国已经进入社会主义新时代，财政被赋予“国家治理的基础和重要支柱”的职能定位，税收作为财政的源泉，必须打破旧框框束缚，从立足于“物的配置”，转变为“物的配置”与“人的冲突”皆成为核心，如图2-2所示。从单核心转变为双核心，其中物的配置的关键是确权，而要“解决人的冲突”，关键是在国民经济初次分配和再分配中要充分发挥税收促进公平正义的作用。从十三大提出“在促进效率提高的前提下体现社会公平”到十六大倡导“初次分配注重效率，再分配注重公平”，再到十八大强调“初次分配和再分配都要兼顾效率和公平，再分配更加注重公平”，政府越来越强调公平正义对促进社会进步的重要性。

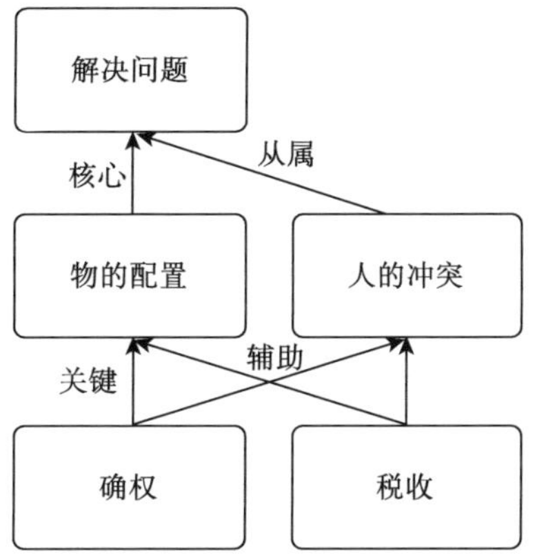

图 2－1　从确权到税收的逻辑

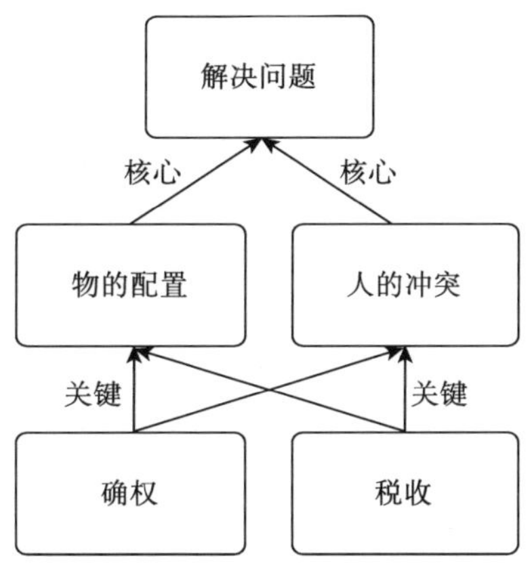

图 2－2　确权与税收的双核心逻辑

2.3　产权税收论的逻辑起点、核心范畴与脉络主线

在现代社会，产权与税收都是国家治理的重要元素，产权制度与税收制度都是国家制度的重要组成部分。产权税收论以产权与税收的内在逻辑关系为分析起点，揭示了产权制度与税收制度结合为一种合力，共同推动经济社会发展的运行机制。

2.3.1 产权税收论的逻辑起点

类比推理，产权税收理论的逻辑起点是什么？要回答这一问题，先来分析构成产权税收理论框架的两大理论体系——产权理论和税收理论。其中，产权理论揭示产权演进及其运行规律，税收理论反映国民收入分配关系及其内在规则。产权作为一种权利束，其本质是一种关系，是生产资料所有制下所形成的人与人之间的经济关系。该论断最早出自马克思关于生产资料所有制的研究观点。虽然马克思在其著作中并没有对产权进行明确的概念界定，但在其对所有制的研究文献中，多次提及财产关系、财产权、产权、所有权、使用权、处置权等概念。以《马克思恩格斯全集》为例，以“财产关系”为译名的名词出现74次，“财产权”出现42次，“产权”出现77次，可见马克思虽没能完整地向世人呈现出产权在其心中的形象，但已然描绘出大致的轮廓。[①] 无独有偶，新制度经济学的研究学者也认为产权是“人与人之间的关系”，如配杰威奇认为“产权是人与人之间由于稀缺物品的存在而引起的、与其使用相关的关系”[②]；菲吕博腾认为“产权不是指人与物之间的关系，而是指由物的存在以及关于它们的使用所引起的人们之间相互认可的行为关系”[③]。由此可见，马克思经济学中的“产权”与新制度经济学中的“产权”存在共性，主要区别在于前者源自所有制，后者则见于个体间的交易行为。至于税收，其本质是一种分配关系，税收既可归之于生产关系，又属于上层建筑范畴。政府凭借税收的强制性、无偿性、固定性特征，从多个环节参与国民收入的初次分配（增值税、消费税等）和再分配（个人所得税、房产税等）中，使国家与法人主体、自然人之间搭建起密切联系。因此，无论是作为

① 吴易风．产权理论：马克思和科斯的比较．中国社会科学，2007（2）．

② 配杰威奇．产权经济学——一种关于比较体制的理论．北京：经济科学出版社，2000.

③ 菲吕博腾．产权与经济理论：近期文献的一个综述．经济文献，1972（10）．

整体的产权税收理论，还是局部的产权理论与税收理论，它们都是在研究事物之间“关系”的性质以及“关系”对事物的推动作用，所以“对关系的分析”这一最基本的范畴，成为产权税收理论的逻辑起点。

2.3.2　产权税收论的核心范畴

产权税收论涵盖产权与税收两个板块，因此应基于“产权”和“税收”构建一套核心范畴。分析现实状况发现，无论是当今的国有企业混合所有制改革，还是旧时的土地产权改革运动，虽然它们涉及的是不同类型的产权，但有一个共同点——都是一种“确权”行为。经济学界、法学界、社会学界等对产权的研究，并不是浮光掠影地仅研究一个名词的确立、几条规章的颁布对社会实践与生产力的影响，而是研究当国家承认产权，政府机构维护产权，人民使用产权对经济社会产生的影响。任何关于产权的讨论，都离不开“确权”这一行为，个中区别仅在于“谁来确权、确什么权、怎么确权”。所以“确权”行为作为产权税收理论中最一般、最普遍、最抽象的形式，是产权税收理论的核心范畴之一。同理，政府开征各种税，纳税人各种涉税行为，都可抽象为“缴税”行为，从而我们得到产权税收理论的一对核心范畴——确权与缴税。当然，我们进一步把这对核心范畴予以抽象化，可以得到唯一的核心范畴——行为。

2.3.3　产权税收论的脉络主线

所谓脉络主线，是指贯穿一个理论体系的逻辑主线。它将各个理论构件或组成部分串成一个整体。“理论体系”既然形成，必有一条或一条以上的理论主线，否则，各个理论构件就是一堆散件，相互之间没有联系，不成其“理论体系”。[①] 结合前文对逻辑起点和核心范畴的探讨，产权税收论的理论主线高度概括为“对‘行为引发人与人之间关系’的分析”。产权税收论建立的逻辑框架可以研究很多层面的问题，要么是研究产权性质对税收的影响关系，如孙刚等（2012）探讨不同产权性质所隐含的税收成本差异是否会影响上市公司的股利政策[②]；要么是以行为导致的后果反推这一行为的必要性，如刘凤委等（2016）发现脱离公司业绩实际的税负波动与地方政府不规范的税收征管行为密切相关[③]；要么是以核心范畴为基础，去研究、解释别的问题，如翟华云（2012）通过分析公司社会责任表现与公司税收激进水平的关系，研究我国公司履行社会责任是出于何种动机[④]。各式各样的研究虽然探讨不同的主题内容，应用不同的研究方法，但都以“行为引发关系”作为其研究的脉络主线。

① 黄少安．马克思经济学与现代产权经济学理论体系的比较．经济评论，1994（4）．

② 孙刚，朱凯，陶李．产权性质、税收成本与上市公司股利政策．财经研究，2012（4）．

③ 刘凤委，等．市场化程度、产权性质与公司税负波动研究．税务研究，2016（3）．

④ 翟华云．产权性质、社会责任表现与税收激进性研究．经济科学，2012（6）．

第 3 章　产权税收论的基本理论

当交易费用为零时，所有权结构对效率没有影响，而当交易费用为正时，所有权结构可能对效率有影响，但市场竞争会选择最优所有权结构将内生交易费用最小化，以达到资源配置的最佳状态。

——杨小凯（Xiaokai Yang）

3.1　产权与税收的逻辑关系

3.1.1　产权与税收的关联性

产权与税收紧密相连，两者在发展中彼此交融渗透而进步。随着产权社会化程度的不断提高，税收对产权的影响程度日益凸现，一种产权经济学与税收学融合发展的思想在萌动。

（1）税收依附于产权而存在

从表面上看，税收的课税对象是财产、所得、货物或服务的流转额，但税收的真正目的物是产权。对财产课税，实质上是对财产所有权课税；对所得课税，实质上是对产权收益课税；对货物、服务的流转额课税，实质上是对货物或服务的产权流转课税。既然从本质上看税收的目的物是产权，那么政府运用税收形式获取财政收入的前提是产权的存在性。换言之，对财产、所得、货物或服务课税的前提是财产、所得、货物或服务的产权客观存在、明晰且无任何争议。[①] 如果财产、所得、货物或服务的产权模糊，税收就失去存在的前提条件。政府运用征税权获得税收收入的前提应当是产权的清晰界定，“明确的产权制度是抵制统治者税收权力扩张的最牢固、最敏感的保护屏障”[②]。

产权税收论的提出一方面为如何确定税收边界提供了理论依据，另一方面，产权税收论也从理论层面说明了税收的本质是对产权征税。既然税收的最终目的物是产权，税收的本质是对产权征税，税收是产权结构变化的产物，税收负担的大小会随着产权结构的变化而变化。

（2）产权边界决定税收边界

税收依附于产权而存在，产权的边界决定着税收的边界，没有明晰的产权界定，就没有确定的税收分配关系。只要产权存在的地方，税收就应该介入，而产权不明晰或不合法的地方，税收就不应该介入。否则，人们很可能利用税收“洗白”产权并使政府认可其合法性，同时也可能导致对税收权利的滥用。

在资本主义国家，市场作为最基本的经济运行方式，私人财产权的存在及其清晰界定是税收的逻辑起点，税收存在的基础和前提条件是清晰产权的存在，即税收必须依附于清晰的产权关系。但在社会主义国家，产权清晰并不意味着完全私有化，国有资产、国有土地属于公有制产权，也是产权存在的重要形式，也是清晰的产权关系。

3.1.2 产权与税收的互动关系

（1）保护私人财产权是形成国家合法征税权的前提条件

经济学家詹姆斯·布坎南 James M. Buchanan 认为：如果没有

① 蔡昌．有效产权、税收与中国产权转型研究．财会学习，2013（11）．

② 全承相，杨路明．西方税收宪政主义思想制度化及其现实意义．湖南社会科学，2005（3）．

一种制度来保护所有权并使契约付诸实施，那么国家也就无权来分享总收入①。在中国，“国家保护私人财产”已入宪，私人财产权得到法律的认可，这从立宪层面界定了政府征税的合法性，从而也拉开了国家严格保护私人财产权的帷幕。在市场经济环境下，一个国家或政府在较为有效地保护私人财产权、遏制国家肆意征税行为基础上才能赋予税收合法性，从而为产权制度的确立、市场经济的发展奠定基础性制度结构。

（2）政府征税是保护私人财产权的法律基础

一般征税对象都是合法财产与所得，一般不对非法财产和所得征税，因为这属于政府打击和取缔的不予认可的非法产权范畴。即政府征税隐含着一个前提假设：财产、所得必须属于合法产权范畴。在国家和法律制度存在的前提下，产权确权登记是由国家或法律制度实施的，私人拥有的财产和所得必须得到国家或法律制度的认可，否则就不属于合法产权，不受国家法律保护。因此，政府征税构成对私人财产权保护的法律基础，征税与产权保护密切相关。

3.2　产权流转的税收约束

产权穿越企业边界，其实就意味着产权转让（或产权流转）。产权转让（或产权流转）意味着产权主体的改变，这是一种实质性的产权主体变更和产权流转过程，税收制度对产权流转严格履行征税权。

这里以资产穿越企业边界为例论证对产权流转的征税问题。假定有两个产权主体 S 和 H（此处的产权主体既可为自然人，也可为

---

① 布坎南．自由、市场与国家．上海：上海三联出版社，1989.

法人)，产权主体S将一项资产转让给产权主体H，转让价格为P。产权流转环节，一般不对受让方H征税，而对转让方S征税。产权流转不仅要征收流转税，而且要对价值增长额（或称所得额）征收所得税，产权流转的征税情况如图3-1所示。

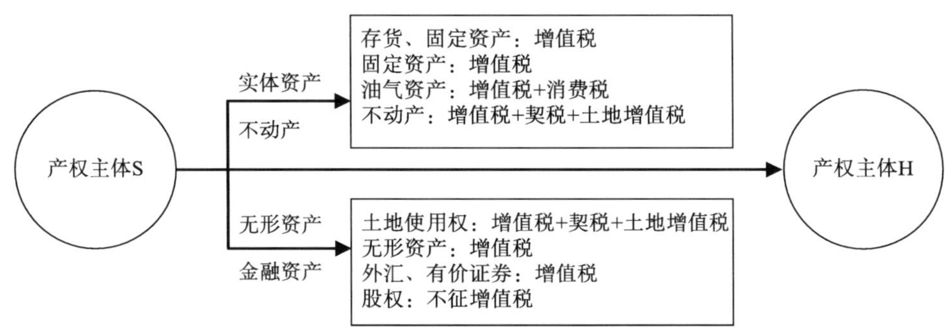

图3-1　产权流转的税收约束

按照税法规定，图3-1中的产权流转征税情况如下：

(1) 实体资产（如存货、固定资产）的产权流转需要征收增值税；油气资产（如石油、天然气）的产权流转征收增值税和消费税；土地、不动产、无形资产（含专利权、商标权、著作权、非专利技术、商誉）的产权流转征收增值税，土地、不动产的产权流转还要征收契税和土地增值税；外汇、有价证券（股票、债券、基金）等金融资产的产权流转按照买卖价差征收增值税；股权流转目前暂不征收增值税。

(2) 产权流转签订相关合同的，需按照合同类型分别征收不同税目税率的印花税。

(3) 产权流转过程中产生流转所得额的，根据产权主体性质以所得为计税依据再征收一道个人所得税或企业所得税。

(4) 使用权流转与所有权流转有着本质的区别，使用权可以独立于所有权而单独流转，如资产租赁就是典型的使用权流转形式，按照税法规定，有形动产、土地使用权、不动产的融资租赁和经营租赁均征收增值税。

总之，产权流转受到税收的强制性约束，对产权流转所对应的不同类型的财产征收不同性质、不同税目税率的税。深入剖析税收对产权流转的约束关系，为产权税收论的实践应用指明了方向。

3.3　构建产权型税收体系

目前，我国政府对产权持有、产权流转、产权收益等环节的税收管理还存在一定的制度缺陷，还未成功构建一套涵盖产权持有、产权流转、产权收益等环节、符合产权逻辑关系的税收体系，以致形成利用税收工具调整产权关系乏力的局面，这将无助于实现全社会范围的产权保护。因此，按照对产权持有、流转及收益环节分别征税的逻辑，形成涵盖产权持有税、产权流转税、产权收益税的一整套税收体系，以此形成对私人产权内部各项权能的合理征税和有效保护，即在我国构建一套“产权型税收体系”是极为必要的。

3.3.1　产权交易税

产权交易税是指对资产交易（存货、固定资产、无形资产、股权、有价证券等）或提供服务征收的一组税的集合，产权交易税存在的理由是产权交易规则需要政府维护，产权交易合约需要政府监管，产权交易结果需要政府确认，政府可就其为交易双方提供的公共服务收取一定的收入。产权交易税的征收目的是实现政府对产权交易的界定、产权流转额的确认和产权交易结果的保护，保障产权流转的合法性、有序性和效率性。

产权交易税类似传统税收体系中的流转税，但产权交易税比流转税更能体现税收的产权本质，可以用来解释许多传统税收理论无法解释的税制问题。比如，产权穿越企业边界需要征收产权交易税，因为存在产权转移行为；如果一个法人企业内部的部门之间转移存货，则不须征税，理由是不存在产权转移行为。产权交易税的一个重要特征是针对实际产权交易额征税，目前我国税制中最为典型的产权交易税是增值税和消费税。相比较而言，增值税采用税款抵扣制，能够避免重复征税，从而促进社会分工和价值流转，除增值税作为主流税种外，还有辅助性的对高档奢侈品和特殊物品征收的消费税。此外，产权交易税还包括印花税、契税、车辆购置税、土地增值税等。目前产权交易税存在的突出问题是实际税负率太高，尤其是不动产交易环节税负太重，而资产重组、财产继承、赠与行为又出现明显的税负洼地，易于造成投资扭曲与税收流失现象。

3.3.2 产权收益税

产权收益税是指针对产权交易获取的净收益征收的一组税的集合。征收产权收益税的目的在于实现对产权收益额、产权分配额的确认、计量与征税，保护产权所有者在产权流转中的合法权益。

产权收益税类似于传统税收体系中的所得税，主要包括个人所得税和企业所得税，这两个税种对应的产权分别为法人产权和自然人产权，法人和自然人不属于同一性质的主体，故对法人企业所得与自然人股东分红所得分别征税，企业所得税与个人所得税无任何联系，分别独立存在。对于法人企业而言，获取利润的结果是企业边界的扩大，此时征收两道产权收益税，即法人企业获得利润时政府对其征收企业所得税，自然人股东税后分红时政府对其分红额再征收一道个人所得税。对于个体工商户、独资企业与合伙企业而言，仅对其应税所得征收一道个人所得税。因此，产权安排不同，产权收益税的税负状况也大相径庭。

3.3.3 产权持有税

构建产权持有税，实现对产权主体拥有合法产权的确认与保

护，保障产权所有者拥有与产权相对应的各项权能。产权持有税是对静止状态的产权征税，即政府对产权的持有征收一道存量税，类似于传统税收体系中的财产税。征收产权持有税的理由是政府对产权的界定、保护及升值均有不同程度的管理，征税的目的是实现政府对私人产权的保护及对所有者权益的维护。

对于产权持有税而言，征税难点在于界定产权人、评估产权的公允价值，以及合理确定计税依据。在我国经济实践中，产权持有税主要有房产税（未来房产税与土地使用税合并，统称为房地产税）、车船税、船舶吨税等。面对我国经济现状和民众的负担状况，是否应该开征房产税（房地产税）已经成为社会关注的焦点。从产权税收论角度分析，我国目前的税收体系中土地与房产分设税种，出现重复征税现象，同时对居住用房没有开征房产税，存在税收空档。因此，政府应该对房产普遍征收房产税，而不论是居住用房还是商业经营用房，因为房产税的实质是政府对产权人持有房地产征收的一种产权持有税。

综上所述，我国未来税制改革的方向定位于构建一个产权持有、产权交易及产权收益等环节税负均衡、环环相扣的产权型税收体系，以有效提升税制的公平与效率。

3.4　产权结构影响税收负担

3.4.1　产权结构决定税收负担

产权结构是指产权的构成因素及其相互关系和产权主体的构成状况。产权结构主要涉及两个方面：一是特定主体拥有哪些产权或财产，其财产结构如何；二是特定主体内部的权力结构，这是为产权运作而设置的内部机构与人员的分工安排。这两个方面，对于不

同的主体，可能具有不同的意义。特定主体所拥有的产权结构，就是其资产结构。对于特定主体所拥有的微观产权结构，具有十分重要的经济意义：第一，任何主体的产权，都不仅仅意味着拥有财产的所有权，而且体现着一种产权的分配关系。第二，单个主体的产权结构——拥有哪些资产的产权，是资产的全部产权，还是部分产权，是所有权，还是经营权，是全部经营权还是部分经营权，意味着该产权主体与别的产权主体之间的不同的分离组合关系和不同的委托—代理关系。第三，每个产权主体既有的产权结构及产权结构的变动，都影响全社会的产权分布，从而影响资源配置。①

税收的本质是对产权征税，那么从理论上说，税收与产权就存在着相关性，税收负担的大小会因为产权结构的不同而不同。产权结构之所以对税收形成影响效应乃至于决定作用，主要是因为产权结构及其变化会改变税制要素的内容，即纳税时间、纳税地点、征税环节、征税对象、纳税主体等会随着产权结构的变化而变化，而这些税制要素又会对税收负担形成显著性影响。这就是产权结构决定税收负担的基本原理。

在一定环境条件下，由于产权结构发生变化，会导致企业的税收负担发生巨大变化。比如企业并购活动会引起产权结构的微妙变化，从而形成以下税收空间：一是企业通过外部扩张，进入新的行业、新的领域，所享受的税收待遇自然有所不同；二是企业并购重组的根本目的在于利用亏损弥补政策，以降低其盈利水平和税收负担；三是企业的并购重组引起资本投资关系发生变化，其客观效果在于转换纳税人身份或纳税人性质，进而获取一定的税收利益。

3.4.2 产权安排决定税收负担

产权安排的实质是对财产权的分配。产权安排分为产权初始安

① 黄少安．产权经济学导论．北京：经济科学出版社，2004：185.

排和产权后续安排。科斯定理揭示了产权安排的重要性及其对资源配置效率的影响。科斯定理表明，无论交易费用为零还是为正，产权初始安排不同，意味着财富分配格局不同，必然影响收益分配的状况。因为产权的初始拥有者，不仅意味着拥有一定的财产存量，而且还拥有获取更多收益（财富增量）的机会。产权后续安排是对产权初始安排的调整，在现实经济实践中可能有多种原因导致产权安排的调整。产权安排的调整导致的直接后果是产权关系的变化和财富分配格局的变化。产权安排的调整会发生交易费用，正是由于交易费用的存在，会影响产权安排的效率。

产权安排的调整有多种方式，其中对税收负担有着重大影响的是一定条件下的产权交易和资产重组活动。导致产权安排发生变化的最典型的产权交易和资产重组活动是企业并购、企业分立、股权收购以及组织架构调整等行为。企业并购、企业分立、股权收购或组织架构调整都是资源配置方式，都不可避免地影响着产权关系，甚至打破原来的企业边界，实现资产的转移及产权结构的变化，而资产的转移和产权结构的变化会影响企业的税收负担。因此，利用产权安排的调整寻找税收空间极为重要，这其实也是优化企业财税管理、实现价值增长的重要方式。从一定意义上说，产权安排框架下的税收筹划其实就是寻找产权结构和企业边界对税收负担的微妙影响，并尽力打破这种产权结构和企业边界的“税收束缚”，创立一种基于税负最小化、收益最大化的产权结构模式。

第 4 章　国有企业混合所有制改革

经济增长的关键因素在于制度，一种有效的制度安排是经济增长的关键性因素。

——道格拉斯·C. 诺斯（Douglass C. North）

4.1　税收视角的混合所有制改革

4.1.1　混合所有制：中国产权改革的战略方向

混合所有制改革是我国 20 世纪 90 年代提出的一种国有企业产权制度改革方案，在最近 20 多年的改革实践中，不断吸引民营资本和外资参与国有企业改组改制，混合所有制经济获得快速发展，实现了国有企业产权结构调整、国有资本配置和运行效率的提高。

（1）混合所有制改革的内涵与战略方向

混合所有制思想可以追溯至凯恩斯的政府调控理论，后来经过新古典学派的萨缪尔森、瑞典学派的林德伯克（Lindbeck）、产权经济学家科斯与诺斯等人的理论探索，逐渐形成今天的混合所有制理论。马克思产权理论也并非强调单一的所有制形式，马克思曾深刻地指出：“要想把所有权作为一种独立的关系，一种特殊的范畴、

一种抽象的和永恒的观念来下定义，这只能是形而上学或法学的幻想”[①]。

在中国，混合所有制改革既是我国经济领域一个重大的理论与实践问题，又是新时代中国产权制度改革的战略方向。《国务院关于国有企业发展混合所有制经济的意见》（国发［2015］54 号）指出：“国有资本、集体资本、非公有资本等交叉持股、相互融合的混合所有制经济，是基本经济制度的重要实现形式。”党的十八届三中全会提出：“要把发展混合所有制经济作为重要载体和主要抓手，深入推进产权制度改革，实现不同所有制资本的混合，使大多数国有企业转制为混合所有制企业，成为真正的市场竞争主体和独立法人，实现国有经济与多种所有制经济相互融合和优势互补，促进发挥市场在资源配置中的决定性作用。”党的十九大报告[②]明确提出：“深化国有企业改革，发展混合所有制经济，培育具有全球竞争力的世界一流企业。”从改革开放以来我国所有制结构的变化来看，在宏观层次上，单一的公有制已经发展为以公有制为主体、多种所有制并存、共同发展的基本格局；在企业层次上，多种所有制成分之间相互渗透、相互融合，已经形成一种新的产权配置结构和经济形式。

混合所有制改革是深化国有企业改革的重要推动力。混合所有制改革的内在价值在于通过非国有资本对自身利益的保护和最大化诉求，使公司治理结构中的“制衡动力”得以真正发挥，解决国有企业因出资人（全民）不到位或虚拟到位而发生的内部人（管理层）控制问题[③]，推动国民经济持续、健康、快速发展。混合所有制改革依托所有制的多元产权架构及其运行机制，发挥国有资本对其他非公有资本的辐射功能，是增强国有经济活力、控制力、影响

① 马克思恩格斯全集．北京：人民出版社，2006.

② 2017 年 10 月 18 日，习近平总书记在中国共产党第十九次全国代表大会上所做的报告《决胜全面建成小康社会 夺取新时代中国特色社会主义伟大胜利》。

③ 李敬，陈容．积极发展混合所有制经济．经济日报，2015 -5 -7.

力的有效途径；混合所有制改革能够调动和组织更多的社会资本、放大国有资本功能，促进国有企业治理结构的完善和体制机制的转换，提高国有企业的市场竞争能力和盈利水平；混合所有制改革也有利于各种所有制资本优势互补、相互促进、共同发展，全面服务于新时代中国特色社会主义事业。

（2）辩证地认识和推进混合所有制改革

推进混合所有制改革，必须树立辩证思维。一方面，坚持和完善中国特色社会主义基本经济制度，不但要在宏观领域坚持公有制经济的主体地位，促进多种所有制经济共同发展，而且要在企业层面坚持公有资本的控股地位或支配地位，加快建立现代企业制度，夯实国有企业的微观经济基础，发挥国有经济的主导作用。国有经济的定位应从质和量两个方面来把握：从质的方面看，国有经济在国民经济中的主导作用应体现市场经济规律，它不仅是实现政府目标的基本手段，还是保证和引导整个经济协调稳定发展的基本条件；从量的方面看，国有经济的分布和量的比例要体现其质的要求，做到在关键行业和领域起到“领头羊”作用，在地理分布上要实现搭配合理、均衡布局。另一方面，推进混合所有制改革必须鼓励、支持、引导非公有制经济发展，大力引进民营资本和外资等形式的非公有资本参股国有企业，发挥不同所有制产权的激励机制，形成多种所有制共生共融的社会经济生态。从现阶段国内情况来看，民营企业参与国企混合所有制改革，不仅仅追求单纯的资本投资，还希望获得决策的话语权或者一部分经营权，这也是发挥混合所有制激励机制的一个侧面。

4.1.2　混合所有制改革对深化税制改革的新要求

我国自 1994 年实行分税制改革以来，已初步建立起社会主义市场经济税制架构，但是随着宏观经济形势的不断变化和微观层面包括混合所有制改革等多项改革方案的推出，政府还必须不断深化税制改革，调整产权、土地、劳动等方面的财税政策，以适应混合所

有制改革等方面的客观要求。

（1）税收制度的多样性与多层次性

我国公有制产权制度以国有经济为主体，具有开放性和包容性特征，基本实现了产权主体的多元化，产权主体涵盖国家、集体、法人、自然人，甚至还有境外股东，这恰好与混合所有制改革的要求相一致。税收依附于产权而存在，没有产权，就没有税收。从表面上看，税收的课税对象是财产、所得、货物或劳务的流转额，但税收真正的目的物是产权①。基于产权税收观的理论认知，混合所有制改革要求税制改革必须适应多元化产权主体及其经济行为的课税要求，设计出具有现实适应性的多样化税收政策。在公有制产权主导和混合所有制多元化产权结构下，税收的征收内容、形式以及制度细节必须因国有资本、集体资本、民营资本、境外资本等不同性质资本的要求而具有多层次性。

（2）税收制度的包容性与公平性

混合所有制是一种多元化产权结构，其实质是实现国有资本、集体资本、非公有资本等交叉持股、相互融合的一种新兴所有制模式。混合所有制的本质是实现产权结构多元化，它要求税制对不同产权一视同仁，赋予同等的税收待遇，以实现对不同所有制经济模式征税的包容性和公平性。税收制度的包容性体现在特定条件下对不同所有制经济实施不同的税收政策和征税手段，但包容性并不排斥公平性，两者是辩证统一的关系。混合所有制改革的目标在于改善国有企业治理结构，提高国有资本的配置效率和收益率，它客观上要求税制必须能对产权交易、控股关系的变化进行严密监控，并能对不同所有制产权主体的收益生成、流转与分配过程进行科学界定与公平征税，以体现公平、效率的赋税思想。

① 蔡昌．构建产权型税收体系——基于产权保护与税收立法权的回归的思考．税务研究，2013（6）．

(3) 税收制度的产权保护性与激励性

混合所有制改革有两大目标：一是鼓励、支持、引导非公有制经济健康发展，二是把非公有资本引入国有经济内部，发挥非公有资本的“鲶鱼效应”[①]，即利用混合所有制来克服国有企业的弊端。用混合所有制的方法深化国有企业改革的实质是产权制度改革，这是探索公有制与市场经济紧密结合的具有中国特色的独特模式，在某种程度上，它有效、成功地解决了国有企业与市场经济相融合这一世界性难题。[②] 推进混合所有制改革，在强调多元化产权结构融合的同时，必须切实保护各类所有制产权主体的权益，这就要求税制也必须有配套政策在征税时保护各类所有制产权主体的权益，使税制具备产权保护功能，构建产权型税收体系；混合所有制改革在公有制产权之外融入其他性质产权，产生“杂交优势”，形成产权制衡机制和激励机制，这就要求税制也必须引入产权激励与制衡要求的相关税收条款，进一步强化混合所有制的产权激励效应，调动各类不同产权性质的资本参与发展混合所有制经济的积极性。正如一位学者提出的东北国企混合所有制改革对策就是在我国税制中引入支持混合所有制改革的税收激励政策：“在东北经济下行压力下，需要一种税收激励政策稳定和带来投资者参与东北国企混合所有制改革的利益预期，降低投资者参与改革的成本，吸引各类资本参与到东北国企混合所有制改革进程之中，这是东北国企改革取得实质性突破的关键。”[③]

4.1.3 推进混合所有制改革的税制突破点

混合所有制改革中的税收问题是关乎国计民生的重要问题，税

---

① 鲶鱼效应是指在一个沉闷的鱼群中，放入一条鲶鱼，就会搅动整个鱼群的生存环境。鲶鱼效应喻示混合所有制改革会刺激国有企业的市场活力，使之成为提振国有经济的动力源。

② 唐任伍．混合所有制实质是产权制度改革．企业观察报，2013－11－19.

③ 倪红日．东北国有企业改革需要“精准税收刺激政策”．“国有企业改革——东北振兴的重头戏”主题论坛发言（沈阳），2017－3－7.

收政策的含混不清或滞后将可能成为国企混合所有制改革道路上的“拦路虎”。因此，必须清除混合所有制改革中的税收障碍，在改革的关键环节实现特殊限定条件下的税制突破。

（1）企业并购重组的税制突破点

我国混合所有制改革主要有三种模式：一是实施有限制的员工持股计划；二是实施股权收购、增资扩股等企业重组方式引入战略投资者；三是实施国企整体上市方案。在现实运作中，混合所有制改革或采取上述模式中的一种，或同时采取两种或两种以上模式的组合。不论采取哪种模式，都会牵扯到头绪复杂的并购重组问题。根据《财政部、国家税务总局关于企业重组业务企业所得税处理若干问题的通知》（财税［2009］59 号）规定，企业重组方式包括企业法律形式的改变、债务重组、股权收购、资产收购以及企业合并、企业分立等。而混合所有制改革通常采取股权收购方式，即通过增资扩股或老股转让的方式引入战略投资者，这种操作只是股东控股关系的改变，一般不会引起太大震动。譬如，号称国企“混改”第一股的联通公司采用的就是“定向增发 + 老股转让 + 员工持股”的组合模式。

国有企业与其他非国有资本以并购重组方式进行“混改”，主要涉及两个方面的税收问题：其一是特殊性税务处理的适用条件①，即并购重组必须满足“一个目的，两个连续性，两个比例”的苛刻条件，才能采取特殊性税务处理。其中，“一个目的”是指并购重组活动符合商业目的的原则，不以避税为目的；“两个连续性”是指资产经营的连续性和权益持有的连续性；“两个比例”是指“被收购、合并或分立部分的股权比例不能低于被收购企业全部股权的 50%”以及“收购企业在该股权收购发生时的股权支付金额不低于

---

① 按照财税［2009］59 号、财税［2014］109 号文件规定，企业并购重组满足特殊性税务处理的适用条件允许递延纳税，即并购重组发生当期不确认重组资产或股权的增值，无须缴纳企业所得税。

其交易支付总额的85%”。但是，对于混合所有制改革来说，国有企业规模往往十分庞大，普通民营企业或战略投资者单支力量难以满足收购资产或股权比例达到50%的基本门槛，因此也就很难适用特殊性税务处理，结果是巨额税负往往成为阻碍民营资本进入“混改”领地的藩篱，这是妨碍“混改”的一大“堵点”，必须在税制上予以突破，否则很难吸引非国有企业参股国有企业。笔者认为，上述问题有以下两个解决思路：一是适当降低特殊性税务处理的政策门槛，若单一民营企业参股国有企业比例达到20%，即可适用特殊性税务处理规定[①]；二是参与“混改”的民营企业数量在限制范围内，允许多家民营企业参股比例之和达到50%即可适用特殊性税务处理规定。而另一个85%的股权支付比例，也会阻碍参与方适用特殊性税务处理而最终导致“混改”方案搁浅。

其二是民营企业现金认购股份方式。目前，国有企业“混改”方案大多要求民营企业以现金认购方式参与“混改”，这会增加民营企业筹措资金的压力，从而抑制其参与“混改”的热情。因此，随着“混改”逐渐进入“深水区”，必须允许非国有资本采取无形资产（技术专利、知识产权、商誉）、不动产（包括土地使用权）、股权等非货币性资产形式进行投资，甚至允许以认购可转债、股权置换等方式参与“混改”，拓宽民营企业的投资范围，降低参股国有企业的难度。按照现行税收政策，以非货币性资产对外投资，如果不能满足特殊性税务处理的适用条件，就应该缴纳企业所得税。但这种投资交易中并没有发生现金流，投资方取得的对价是股权而非可以用于缴税的现金。在这种情况下，若对非货币性资产投资征税，就需要投资方额外筹措资金缴纳税款。财税［2014］116号文件规定“居民企业以非货币性资产对外投资确认的非货币性资产转让所得，可在不超过5年期限内，分期均匀计入相应年度的应纳税

① 《企业会计准则》规定，企业投资具有重大影响的控股比例为20%。

所得额”，即允许非货币性资产投资所得递延纳税，但是递延纳税毕竟不等于不纳税，依然会在资源优化配置上造成不必要的税收成本，妨碍民营企业参与“混改”。目前，国际上对于非货币性资产投资在一些特定情况下规定了可以享受免税待遇，这一做法值得我国作为“混改”的经验借鉴。

（2）员工持股计划的税制突破点

从近年来“混改”实际落地方案可知，员工持股计划不仅多见，而且倍受青睐。员工持股计划不仅解决了国有企业投资者缺位问题，而且将员工利益与企业利润和股价绑定，能够有效激励经营管理人员、科研人员和业务骨干等公司核心层的工作热情，实现个人利益、企业利益与国家利益的“激励相容”。

在员工持股计划方面，必须重视持股方案在股票价格、持有比例、持有期限、退出机制等方面具有科学性和可操作性。国资委、财政部及证监会于 2016 年 8 月联合发布了《关于国有控股混合所有制企业开展员工持股试点的意见》（国资发改革［2016］133 号），对国有控股混合所有制企业开展员工持股试点提出了指导意见，但在税制方面，尚未出台针对“混改”的员工持股计划的系统性政策，相关规定散见于各种税收规范性文件之中。

员工持股计划涉税问题主要涉及两个层面：一是员工个人层面，主要涉及员工持股的个人所得税问题；二是企业层面，主要涉及员工持股的税前扣除问题。[①] 员工持股计划形式多样，主要包括股票期权、股权期权、股权奖励、科技成果入股等。员工以不同形式持股，其所适用的税收政策及面临的涉税问题也不尽相同，表 4－1 比较了上市公司和非上市公司股票期权适用税收政策的差异性。

① 员工持股涉税政策主要包括财税［2005］35 号文、国税函［2006］902 号文、财税［2009］5 号文、国税函［2009］461 号文、财税［2016］101 号文等。

表 4-1　上市公司与非上市公司股票期权适用税收政策的差异性

阶段/时点	上市公司	非上市公司
预留股票阶段	尚无政策规定	
授予阶段	按“工资、薪金所得”税目缴纳个人所得税；延长纳税期限：不超过12个月内缴纳个人所得税	符合条件的，暂不纳税
行权前转让股票期权时点	按“财产转让所得”进行税务处理	转让净收入按“工资、薪金所得”征税
行权/股票解禁时点	不计算缴纳个人所得税	实际购买价低于购买日公平市场价的差额按“工资、薪金所得”计税
持有阶段（股权分红时点）	按“利息、股息、红利所得”税目缴纳个人所得税，适用股息、红利差别化政策	按“利息、股息、红利所得”税目缴纳个人所得税
转让阶段	按“财产转让所得”税目适用20%税率。目前，个人转让境内上市公司股票暂免征收个人所得税	按股权转让收入减除股权取得成本以及合理税费后的差额，按“财产转让所得”税目，以20%税率缴纳个人所得税

从员工个人层面分析，“混改”中的员工持股计划主要存在四个亟待突破的税收问题：第一，缺乏体系完备、界定清晰的员工持股计划税收政策；第二，上市公司和非上市公司在员工持股计划方面的税收政策尚不统一，比如，对非上市公司而言，仅限于股票期权、股权期权、限制性股票和股权奖励可以享受税收优惠，而股权出售以及员工持股计划尚未列入税收优惠范围；第三，对于员工持股计划的解禁期和解锁期的征税问题，尚未给出明确的规定，但解锁期一般居于解禁期之后若干时日，故应以解锁期作为征税的基准日期①；第四，对以科技成果入股行为尚未构建科学的纳税评估体系，目前所执行的递延纳税政策力度不够，客观上导致了科技成果转化动力不足。

从企业层面分析，向核心员工授予限制性股票等行为可能面临

① 解禁期是指某股票限售期满，该股票原非流通股可以开始上市交易的日期。解锁期是指解除股票锁定的日期，即自该日起允许持股人卖出股票。

缴纳印花税和企业所得税等问题，但目前税收政策不甚明确，这也可能成为影响“混改”的障碍之一。

（3）资产评估增值的税制突破点

税法规定，企业因改制进行资产评估时，若评估后该项资产的所有权仍属于原企业，其资产的计税基础不变，资产评估增值额不缴纳企业所得税；如果评估后该项资产用于对外投资、抵债、非货币性资产交换等产权转移情形，则应按资产的公允价值确认收入、按历史成本减除应扣除的折旧、摊销、准备金等后的余额作为税前扣除项目，计算缴纳企业所得税。目前民营企业土地、房产、股权等账面价值与评估值差异较大，按照现行税法规定，参与“混改”的民营企业实施资产交易、并购重组时，若产生评估增值额，往往需要负担较重的企业所得税、土地增值税等税负，这必然会降低民营企业参与“混改”的积极性。对此，笔者建议对评估增值额的税务处理应突破原有的税制框架，即区别评估增值额的性质和内容给予不同的税收待遇，若企业是为了完成“混改”而产生的资产评估增值，则应给予免税待遇，但当企业以后再次出售该项资产时，就必须对其评估增值额计算缴纳企业所得税。

国有企业和民营企业在改制上市过程中发生的资产评估增值，目前税收政策不一致，即允许国有企业改制上市应缴纳的企业所得税可以不征收入库，作为国家投资直接转增该企业国有资本金（含资本公积）①，而民营企业改制上市应缴纳的企业所得税则必须依法缴纳。对此，笔者建议国有企业和民营企业改制上市的税收政策应保持一致，并遵循“不因改制增加企业税负”的原则，尽快修订资

① 《财政部、国家税务总局关于企业改制上市资产评估增值企业所得税处理政策的通知》（财税［2015］65 号）规定：（1）国有企业改制上市过程中发生的资产评估增值，应缴纳的企业所得税可以不征收入库，作为国家投资直接转增该企业国有资本金（含资本公积），但获得现金及其他非股权对价部分，应按规定缴纳企业所得税；（2）国有企业 100% 控股（控制）的非公司制企业、单位，在改制为公司制企业环节发生的资产评估增值，应缴纳的企业所得税可以不征税入库，作为国家投资直接转增改制后公司制企业的国有资本金。

产评估增值的税收政策，对符合条件的“混改”中涉及的资产交易、并购重组活动产生的评估增值额，采取免税、递延纳税或降低税率等方式，合理控制“混改”的税收成本，提高非国有资本参股国有经济的吸引力。

4.2　混合所有制改革的效果分析

混合所有制改革涉及多方面、多层次问题，可谓“牵一发而动全身”。那么，混合所有制改革是否会成为影响国民经济的多米诺骨牌，推进“混改”是否能实现产权保护目的，是否会提升企业绩效，对企业实际税负会产生什么影响？下面对混合所有制改革的效果进行分析与实证检验。

4.2.1　产权保护与税权公平

企业产权是所有制的核心内容，实施“混改”的前提就是要确保产权明晰，保护不同产权主体的正当权益。早在150年前的洋务运动中，中央集权的清政府就尝试过混合所有制，这被后人称为“官商合办”。最有名的是招商局轮船，先是纯国营，随后经历了官商合办。在国民政府时期，所谓的官商合办却成了政府依托混合所有制掠夺民间财富的政策手段，特别是一些持有官股的部分利益集团不尊重法律和产权制度，使得民营企业最终被剥夺产权，甚至丧失了所有的财富和股东权益。这是历史上出现的产权未能得到有效保护的悲惨一幕。由于历史原因，我国改革开放以来，依然存在一些对非公有制产权保护弱于对公有制产权保护的现象，导致公有制经济和非公有制经济的地位不对等，非公有制经济无法得到与公有制经济相同的地位和待遇。如果没有对私有产权保护的严格法律规定，民营资本必然缺乏参与“混改”的勇气和胆量。同时，在“混

改”中还存在国有资本、集体资本保护机制缺位问题，多种形式侵犯国有产权的现象屡禁不止，国有资产流失时有发生。十九大报告对此明确要求：“要完善各类国有资产管理体制……有效防止国有资产流失。”因此，政府必须解决产权保护不到位的问题，必须完善产权保护程序和制度，切实保护不同性质产权的资产与收益。

关于混合所有制改革，学界流传着这样一句哲理：现代企业制度只要不存在所有权歧视，天然就是混合所有制。混合所有制改革的关键是彻底消除所有权歧视。混合所有制改革完成后，还要把国有企业的实力与民营企业的活力结合起来，这必须以完善公司治理结构、依法保护各类股东权益为根基和依托。基于上述改革要求，其实产权保护也需要来自税制方面的支持：一方面，国家必须对不同所有制产权主体赋予公平税权，防止各类产权流转出现避税和税收歧视问题，防止公有制产权主体和非公有制产权主体出现税负不均衡现象，防止各种形式的国有资产流失和民营资本被剥夺或侵蚀问题；另一方面，政府必须以发展眼光客观看待和处理改革开放以来各类企业特别是民营企业经营中存在的不规范问题，对于各类企业存在的税收不规范问题必须在尊重客观历史事实基础上妥善处理，对于一些有争议的涉税问题必须予以解决，以保护各类产权主体的正当权益。

4.2.2　混合所有制改革的税收收入效应

研究发现，我国国有企业与民营企业对政府税收收入的贡献度不同，即不同所有制企业存在不同的实际税负率①。2006 ~ 2015 年的 10 年间，国有企业纳税绝对量不断增加，占全国税收总量的 30% ~ 40%，因此，国有企业对政府税收收入的贡献具有不可撼动的主体地位；民营企业纳税总量也在不断增长，其纳税比重呈逐年

① 蔡昌，李蓓蕾．不同所有制企业实际税负比较研究．南方经济，2017（11）．

上升趋势，占全国税收总量的11%左右，已经成为我国税收收入贡献的新兴力量。从增长相对值来看，2012年之前民营企业更具活力，纳税增长率远高于国有企业，近年来所有企业的纳税增长率都稍显疲软，但国有企业纳税增长率稍高于民营企业[①]。比较2006~2015年10年间国有企业和民营企业的资产净利率与实际税负率（见表4-2）可知，国有企业的资产净利率低于民营企业，而国有企业却承担着高于民营企业的实际税负率，这违背了高盈利能力高税负的原则，反映出在现实经济实践中，不同所有制企业效率的高低与其实际税负率大小存在着不匹配状况。

表4-2　2006~2015年国有企业、民营企业资产净利率与实际税负率比较[②]

年度	资产净利率		实际税负率	
	国有企业	民企（500强）	国有企业	民企（500强）
2006	3.14%	4.72%	8.62%	3.46%
2007	3.74%	7.52%	8.95%	3.71%
2008	2.62%	6.15%	8.80%	3.61%
2009	2.52%	6.48%	10.98%	3.75%
2010	2.78%	8.00%	8.72%	3.92%
2011	2.64%	6.43%	8.72%	4.40%
2012	2.20%	5.03%	8.85%	4.10%
2013	1.98%	4.95%	8.11%	3.59%
2014	1.78%	4.77%	8.28%	3.90%
2015	1.45%	4.48%	9.01%	3.97%

数据来源：民企（500强）数据来源于全国工商联发布的不同年度的《中国民营企业500强调研分析报告》，国有企业数据来源于历年《中国财政年鉴》《中国税务年鉴》《中国统计年鉴》。

① 蔡昌，李蓓蕾．不同所有制企业实际税负比较研究．南方经济，2017（11）．

② 表中的国有企业，按照财政部的界定，是指全国国有及国有控股企业（包括中央企业和36个省、自治区、直辖市、计划单列市的地方国有企业）；表中的民企（500强），是指民营企业500强，这些企业规模较大、实力较强，是民营企业的典型代表。

由于民营企业实际税负率低于国有企业，如果实施混合所有制改革，由于存在产权制衡机制的微观作用效应，“混改”后的国有企业的实际税负率应该介于“混改前”的国有企业实际税负率与民营企业实际税负率之间，这在一定程度上降低了“混改”国有企业的实际税负率。因此，最为社会各界担忧的是广泛推行“混改”是否会直接减少政府税收收入总额。

从产权制衡角度分析，混合所有制融入其他性质产权，增强了产权制衡度，不同产权主体出于自身利益的考虑，迫使“混改”企业加强纳税管理、科学控制税负，使其实际税负率呈下降趋势，最终体现为政府税收收入总额的减少。其实，这个逻辑推理结论只是一个局部的短期效应，随着混合所有制改革逐步深入，改革成效不断显现，“混改”企业的资本收益率会逐渐提高，其实际税负率也会不断提高，政府所取得的税收收入总额就会不断增长。诺贝尔经济学奖得主、哥伦比亚大学菲尔普斯教授也曾表达了类似的观点：“改革中国的国有企业（极端的情况是拆散国有企业）并不会减少政府的税收收入，反而会使分配更加高效，甚至由于资源分配更加高效反而会增加政府的税收收入。”[①]

4.2.3　混合所有制改革效果的实证检验[②]

（1）研究设计

进行研究假设：

假设 1：在混合所有制企业中，产权结构与企业税收负担之间存在显著的正相关性。

假设 2：在混合所有制企业中，企业的税收负担与企业绩效之间存在显著的负相关性。

---

① 菲尔普斯．新兴市场如何规避中等收入陷阱（主题发言）．2014 年博鳌亚洲论坛．

② 鲁兵兵参与模型设计与分析。

假设3：在混合所有制企业中，产权结构与企业绩效之间存在显著的相关性。

假设4：税收负担在产权结构作用于企业绩效的过程中起一定的传导作用。

（2）研究变量

借鉴吴联生（2009）、刘行（2012）等在研究产权结构、税收负担和企业绩效时使用的变量，并结合理论分析，本研究引入以下变量：

①税收负担（ETR）。税收负担是指企业实际承担的企业所得税税负，考虑到数据的连续性和可获取性，这里以企业的所得税费用除以利润总额代表税收负担。

②企业绩效（ROE）。企业绩效是指企业财务业绩的大小，以往研究中经常使用的指标有总资产收益率（ROA）、净资产收益率（ROE），托宾Q值等。本研究选取ROE作为代表企业绩效的指标。之所以不选择托宾Q值，是因为托宾Q值的计算涉及股票的市场价格，而现阶段我国股票市场仍不完善，近几年股市很不稳定，不能准确代表企业财务绩效的真实情况。企业的终极目标是股东价值最大化，ROE反映的是股东权益净利率，比ROA更适于反映股东价值最大化，因此最终选择ROE作为衡量企业绩效的指标。

③产权结构（NPR）。为了研究混合所有制企业的国有股权比例对税收负担、企业绩效的影响效应，本研究设置了产权结构这一虚拟变量，设置NPR1、NPR2两个代表产权结构的虚拟变量，赋值规则如下：在衡量混合所有制企业的国有股权结构时，当国有股权比例小于0.5时，NPR1取值为1，否则取值为0；当国有股权比例

大于等于 0.2 且小于 0.5 时，NPR2 取值为 1，否则取值为 0[①]。

④企业规模（SIZE）。企业规模对税收负担、企业绩效都会产生影响，因此，在模型中将其作为控制变量。

⑤财务杠杆（LEV）。从理论上分析，财务杠杆对税收负担、企业绩效都会产生影响，财务杠杆是指企业负债比例，一般以资产负债率代表财务杠杆。财务杠杆之所以会对企业税收负担产生影响，是因为负债产生的利息费用允许在企业所得税前扣除，产生了利息税盾效应。因此，企业财务杠杆越大，利息抵税作用就越大，从而税收负担（ETR）就越小，财务杠杆与税收负担可能存在负相关性。

⑥是否享受税收优惠（NPT）。是否享受税收优惠会对企业的税收负担以及绩效产生影响，因此，有必要对其进行控制。具体而言，如果企业享受了企业所得税税收优惠，则 NPT 取值为 1，否则取值为 0。

⑦存货密集度（INVINT）。存货密集度是指期末存货净额占总产总额的比例。路军（2012）研究发现，存货密集度与企业的实际税率之间存在显著的正相关性。因此，本研究也将存货密集度作为模型 1 的控制变量。

⑧收入成本率（CIR）。收入成本率是指企业的营业总成本占营业总收入的比例，收入成本率越高，说明为获得相同的收入需要付出的成本越多，那么反映的就是企业的资源利用率不高，经营效率低下，此时企业的盈利水平和绩效水平也较低。因此，将收入成本率这一变量作为假设 2、假设 3、假设 4 的控制变量。

各个变量的解释说明如表 4 – 3 和 4 – 4 所示：

---

① 之所以选择 0.2、0.5 作为产权结构的分界点，依据的是长期股权投资能否对企业产生重大影响或控制，当国有股权比例大于等于 0.5 时，为国有绝对控股的混合所有制企业；当国有股权比例大于等于 0.2 且小于 0.5 时，为国有股权产生重大影响的混合所有制企业；当国有股权比例小于 0.2 时，国有股权不对混合所有制企业产生重大影响。

表 4－3　假设 1 变量

变量符号	变量名称	变量类别	变量界定
ETR	实际税收负担	因变量	ETR = 所得税费用/利润总额
NPR1	产权结构	自变量	企业国有股权比例小于 0.2 时，NPR1 取值为 1，否则取值为 0
NPR2			企业国有股权比例大于等于 0.2 且小于 0.5 时，NPR2 取值为 1，否则取值为 0
SIZE	企业规模	控制变量	SIZE 取值为资产总额的资产对数
LEV	财务杠杆		LEV 取值为负债总额占资产总额的比例
NPT	是否享有税收优惠		企业享受所得税优惠政策的，NPT 取值为 1，否则为 0
ROE	企业绩效		ROE = 净利润/所有则权益净额
INVINT	存货密集度		INVINT 取值为存货净额占资产总额的比例

表 4－4　假设 2、假设 3 和假设 4 变量

变量符号	变量名称	变量类别	变量界定
ROE	企业绩效	因变量	ROE = 净利润/所有者权益
NPR1	产权结构	自变量	企业国有股权比例小于 0.2 时，NPR1 取值为 1，否则取值为 0
NPR2			企业国有股权比例大于等于 0.2 且小于 0.5 时，NPR2 取值为 1，否则取值为 0
ETR	税收负担		ETR = 所得税费用/利润总额
SIZE	企业规模	控制变量	SIZE 取值为资产总额的资产对数
LEV	财务杠杆		LEV 取值为负债总额占资产总额的比例
NPT	是否享有税收优惠		企业享受所得税优惠政策的，NPT 取值为 1，否则为 0
CIR	收入成本率		CIR = 总营业成本/总营业收入

（3）模型构建

为了验证上述四个假设，本研究构建如下模型：

模型 1：$ETR = \alpha_0 + \alpha_1 \times NPR1 + \alpha_2 \times NPR2 + \alpha_3 \times LEV + \alpha_4 \times SIZE + \alpha_5 \times ROE + \alpha_6 \times NPT + \alpha_7 \times INVINT + \sum_{i=1}^{4} \beta_i YEAR_i + \varepsilon$

模型 2：$ROE = \alpha_0 + \alpha_1 \times ETR + \alpha_2 \times LEV + \alpha_3 \times SIZE + \alpha_4 \times NPT +$

$\alpha_5 \times CIR + \sum_{i=1}^{4} \beta_i YEAR_i + \varepsilon$

模型3：$ROE = \alpha_0 + \alpha_1 \times NPR1 + \alpha_2 \times NPR2 + \alpha_3 \times LEV + \alpha_4 \times SIZE + \alpha_5 \times NPT + \alpha_6 \times CIR + \sum_{i=1}^{4} \beta_i YEAR_i + \varepsilon$

模型4：$ROE = \alpha_0 + \alpha_1 \times NPR1 + \alpha_2 \times NPR2 + \alpha_3 \times ETR + \alpha_4 \times LEV + \alpha_5 \times SIZE + \alpha_6 \times NPT + \alpha_7 \times CIR + \sum_{i=1}^{4} \beta_i YEAR_i + \varepsilon$

模型1用来检验产权结构对企业税收负担的影响，模型2检验税收负担对企业绩效的影响，模型3检验产权结构对企业绩效的影响，根据传导效应检验方法，综合模型1、模型3和模型4就可以检验税收负担是否在产权结构影响企业绩效的过程中起传导作用。具体来说，如果模型3的回归结果显示产权结构对企业绩效没有显著影响，则税收负担也不会起传导作用，无须进行模型4的回归；如果模型3的回归结果显示产权结构对企业绩效有显著影响，且模型1中产权结构的系数和模型4中税收负担的系数都显著，则说明税收负担在产权结构影响企业绩效的过程中起传导作用。

（4）样本选取与数据来源

本研究的目的是分析混合所有制企业因国有股权比例不同而在税收负担、企业绩效方面存在的差异，从而检验混合所有制企业产权结构不同会产生不同的经济后果，并根据回归结果对国有企业混合所有制改革以及税收政策制定提供政策建议。本研究选取上市的混合所有制企业进行实证研究，数据来源于国泰安数据库。即从国泰安数据库选择混合所有制企业2011～2015年共5年的数据，首先筛选出非金融行业和非ST企业，然后删除其中数据不全、净利润为负、税收负担为负或者大于1的企业，共得到2073个样本，这些样本组成了混合截面数据。

（5）实证结果分析

①描述性统计分析。表4－5将混合所有制企业按照国有股权比

例的不同分为了三类企业，分别是国有股权比例大于等于0.5、国有股权比例大于等于0.2并且小于0.5、国有股权比例小于0.2的企业。对比三类企业绩效ROE的均值可以看出，国有股权比例小于0.2的企业绩效均值最大，国有股比例大于等于0.5的企业绩效均值最小，这初步证明了混合所有制企业产权结构的不同会影响企业绩效，而且表明国有股权比例越大的企业绩效越低。而从三类企业的税收负担ETR来看，国有股权比例小于0.2的企业税收负担均值最小，国有股权比例界于0.2与0.5之间的企业与国有股权比例大于等于0.5的企业税收负担均值差别不大，这初步证明了产权结构会影响企业的税收负担，而且国有股权比例越低越有利于降低企业的税收负担。比较三类企业的收入成本率可以看出，国有股权比例大于等于0.5的企业的收入成本率均值略大于其他两类企业，这反映的是国有绝对控股企业经营效率和资源利用效率的低下。

表4-5　全行业分样本描述性统计分析

	变量	ROE	ETR	SIZE	LEV	CIR	INVINT
国有股权比例≥0.5	均值	0.083	0.208	22.41	0.4701	0.9045	0.155
	标准差	0.0591	0.1293	1.376	0.211	0.075	0.1519
	最大值	0.3269	0.8031	26.4873	0.8674	5.3132	0.7613
	最小值	0.0027	0.0026	19.8671	0.0573	0.216	0.0001
0.2≤国有股权比例<0.5	均值	0.0947	0.2098	22.37	0.4543	0.894	0.1498
	标准差	0.0653	0.1277	1.3247	0.2085	1.3569	0.1504
	最大值	0.3269	0.8031	26.4873	0.8674	1.3569	0.7613
	最小值	0.0027	0.0026	19.8671	0.0573	0.3701	0.00007
国有股权比例<0.2	均值	0.1055	0.1923	22.975	0.5066	0.8858	0.1596
	标准差	0.0586	0.123	1.431	0.2002	0.1018	0.1776
	最大值	0.3269	0.8031	26.4873	0.8674	1.0676	0.7613
	最小值	0.0027	0.0026	20.2443	0.0573	0.5463	0.0001

表4-6是制造业按照国有股权比例这一产权结构的不同分类的描述性统计分析的结果。从企业绩效的均值来看，国有股权比例小

于 0.2 的企业绩效均值最大，国有股权比例大于等于 0.5 的企业绩效均值最小。从企业税收负担均值来看，国有股权比例小于 0.2 的企业税收负担明显小于另外两类企业。从企业财务杠杆来看，国有股权比例大于等于 0.5 的企业财务杠杆最大，这可能是由于国有绝对控股企业借助其政府背景，更容易申请到银行等贷款机构的资金支持。在企业规模、存货密集度、成本收入比等方面，三类企业的差距不是很大。具体产权结构会如何影响制造业的税收负担和企业绩效，有待进一步分析才能得出结论。

表 4-6　　制造业分样本描述性统计分析

	变量	ROE	ETR	SIZE	LEV	CIR	INVINT
国有股权比例 <0.2	均值	0.0882	0.1758	22.165	0.4307	0.9366	0.1477
	标准差	0.2034	0.089	1.2172	0.1969	0.1996	0.1014
	最大值	5.0791	0.9205	26.6466	0.9415	5.3132	0.7701
	最小值	0.0008	0.0006	19.2726	0.0318	0.3178	0.0003
0.2≤国有股权比例 <0.5	均值	0.0789	0.2086	22.2523	0.4117	0.9199	0.1613
	标准差	0.0581	0.2328	1.2933	0.1927	1.0975	0.0976
	最大值	0.6174	0.9298	25.9116	0.8233	1.2405	0.5518
	最小值	0.0009	0.0048	19.7904	0.0479	0.3701	0.0078
国有股权比例≥0.5	均值	0.0678	0.2068	22.6528	0.4761	0.9303	0.156
	标准差	0.0395	0.4142	1.4629	0.1955	0.0799	0.0737
	最大值	0.1436	0.703	25.8612	0.8956	1.0676	0.3549
	最小值	0.0018	0.0381	20.4206	0.0224	0.6255	0.0204

表 4-7 显示的是房地产企业各变量的描述性统计分析结果，房地产企业国有股权比例大于等于 0.5 的企业绩效略低于其他两类企业，国有股权比例小于 0.2 的企业绩效最高，而税收负担方面，国有股权比例大于等于 0.5 的企业税收负担明显高于其他两类企业，并且房地产企业的税收负担均值要高于其他行业，这可能是由于房地产企业需要交纳的税金明显高于其他行业造成的，三类企业的规模差距不大，可以看出房地产企业的财务杠杆高于其他行业企业的

财务杠杆，这是由房地产企业的特殊性决定的，房地产企业在建设商品房销售的过程中，需要花费大量的资金，在自身资金有限的情况下，就需要借贷更多的资金，由此造成财务杠杆较大。三类企业其他变量的差距不是很大。

表 4-7　　房地产业分样本描述性统计分析

	变量	ROE	ETR	SIZE	LEV	CIR	INVINT
国有股权比例＜0.2	均值	0.1242	0.2457	23.165	0.6759	0.8976	0.4604
	标准差	0.0558	0.1585	1.5113	0.1704	0.0952	0.2558
	最大值	0.2762	0.9171	27.2687	0.9409	1.2071	0.8871
	最小值	0.0326	0.0001	20.6628	0.1451	0.6336	0.0032
0.2≤国有股权比例＜0.5	均值	0.1036	0.2602	23.5012	0.7073	0.9286	0.4203
	标准差	0.0472	0.1372	1.4404	0.1516	0.1463	0.246
	最大值	0.192	0.8286	27.1209	0.8804	1.3265	0.7793
	最小值	0.0112	0.0001	20.6628	0.1451	0.8619	0.0032
国有股权比例≥0.5	均值	0.0965	0.2971	24.0081	0.7006	0.9032	0.4476
	标准差	0.0561	0.0813	1.8458	0.1454	0.1064	0.2225
	最大值	0.2357	0.6283	27.1696	0.9204	1.3265	0.8632
	最小值	0.0073	0.1838	21.6493	0.3859	0.5463	0.1179

表 4-8 显示的是农林牧渔业的描述性统计分析结果，可以看出，三类企业绩效差距不大，而从税收负担水平来看，国有股权比例小于 0.2 的企业税收负担明显要高一些，这可能是由于国有股权比例越大的企业越容易申请到更多税收优惠政策。农林牧渔业的平均税负水平相对来说要低于其他行业，这主要是因为我国对农林牧渔业规定了比较多的税收优惠政策，目的是保障这些国民基础性行业的发展。三类企业的规模基本没有差别，国有股权比例小于 0.2 的企业财务杠杆略低于其他两类企业，随着国有股权比例的增加，企业的存货密集度也在增加。

表 4－8　农林牧渔业分样本描述性统计分析

	变量	ROE	ETR	SIZE	LEV	CIR	INVINT
国有股权比例＜0.2	均值	0.0561	0.073	21.5452	0.2669	0.9299	0.1756
	标准差	0.0398	0.1963	1.3367	0.1709	0.0767	0.1235
	最大值	0.1293	0.4628	25.1213	0.7726	1.072	0.5315
	最小值	0.0045	0.0006	20.6624	0.0351	0.8372	0.0779
0.2≤国有股权比例＜0.5	均值	0.0529	0.0456	20.8615	0.3897	0.9481	0.2338
	标准差	0.0655	0.1535	0.984	0.2054	0.0727	0.1235
	最大值	0.1618	0.1571	21.7826	0.6791	1.1042	0.5295
	最小值	0.0057	0.0005	19.868	0.149	0.8444	0.071
国有股权比例≥0.5	均值	0.0600	0.0439	22.0385	0.3200	0.8891	0.3418
	标准差	0.0602	0.1276	1.2111	0.2117	0.1161	0.2086
	最大值	0.1719	0.2037	25.096	0.5157	1.0265	0.6155
	最小值	0.0172	0.0025	18.9747	0.1733	0.7105	0.1598

表 4－9 显示的是公共保障类行业的描述性统计分析结果。公共保障类行业，指的是关乎国计民生与国民经济安全的一类行业，包括电信、石油、电力热力、公共设施管理、铁路运输、航空运输等行业。对于公共保障类行业，国有股权比例小于 0.2 的企业绩效显著低于其他两类企业，国有股权比例大于等于 0.5 的企业税收负担明显低于另外两类企业，这可能是由于国有股权比例越大的企业，越容易受到政府的支持，越容易申请到一些税收优惠政策。三类企业的规模基本没有差别，国有股权比例界于 0.2 与 0.5 之间的企业财务杠杆略低于其他两类企业，存货密集度方面，国有股权比例小于 0.2 的企业的存货密集度明显较低，三类企业的在其他变量上没有显著差异。产权结构会如何影响这类行业的税收负担和企业绩效有待进一步分析。

②皮尔森相关系数检验。皮尔森相关系数用于检验两两变量之间的相互关系及其相关度，是一种应用最广泛的变量间相关程度的检验系数，用于检验连续变量之间的相关性，本研究对涉及的连续变量做了皮尔森相关性检验，如表 4－10 所示。

表 4 - 9　　公共保障类行业分样本描述性统计分析

	变量	ROE	ETR	SIZE	LEV	CIR	INVINT
国有股权比例＜0.2	均值	0.0889	0 .2070	23.9494	0.5972	0.9121	0.0319
	标准差	0.0513	0.094	1.9037	0.2001	0.0861	0.0487
	最大值	0.2189	0.5533	28.4052	0.8498	1.0452	0.3605
	最小值	0.0049	0.0037	20.6903	0.1428	0.6291	0.00003
0.2≤国有股权比例＜0.5	均值	0.1214	0.2087	22.9523	0.518	0.8435	0.0843
	标准差	0.1153	0.1242	1.3714	0.2194	0.1553	0.1525
	最大值	0.9384	0.7643	25.7681	0.8842	1.0866	0.7365
	最小值	0.0024	0	19.9202	0.1029	0.3849	0.0001
国有股权比例≥0.5	均值	0.1148	0.172	23.4471	0.5516	0.8574	0.0722
	标准差	0.0489	0.0915	1.4743	0.194	0.0956	0.1464
	最大值	0.2278	0.4013	26.2962	0.8034	0.995	0.5245
	最小值	0.0293	0.00001	20.5429	0.0502	0.5752	0.00009

表 4 - 10　　全行业皮尔森相关系数表

	ROE	ETR	SIZE	LEV	CIR	INVINT
ROE	1					
ETR	-0.2712***	1				
SIZE	0.0728**	0.1388*	1			
LEV	0.0854***	0.2904***	0.5196**	1		
CIR	-0.1041***	0.0491*	-0.3106**	0.0929**	1	
INVINT	0.0466*	0.1960***	0.0444*	0.2930*	-0.0036*	1

注：*、**、*** 分别表示相关系数在 10%、5% 和 1% 的水平显著。

表 4 - 10 显示了各连续变量之间的皮尔森相关系数检验结果。可以看出各变量之间的相关系数绝对值都小于 0.8，最大的绝对值为 0.5196，说明变量之间不存在多重共线性。企业绩效 ROE 与实际税收负担 ETR 之间的相关系数为负而且显著，说明 ROE 与 ETR 之间有显著的负相关性，企业绩效 ROE 与企业规模 SIZE、企业财务杠杆 LEV 之间有显著的正相关性，说明两者都是影响企业绩效的重要因素。企业税收负担 ETR 与企业规模 SIZE、企业财务杠杆 LEV 之间有显著的正相关性。说明企业规模越大、财务杠杆越高，企业的税收负

担也就越大。各控制变量与因变量之间都存在或大或小的相关性，这说明了将这些变量作为控制变量的必要性和可行性。

限于篇幅限制，制造业、房地产业、农林牧渔业和公共保障类行业的皮尔森相关系数检验结果均表明变量之间不存在多重共线性，在此不予列示。

（6）回归分析

①产权结构与税收负担的回归结果。为了检验产权结构对税收负担的影响，本研究对模型 1 进行回归分析，结果如表 4－11 所示。

表 4－11　　模型 1 的实证检验结果（因变量：ETR）

变量名称	全行业	制造业	房地产业	农林牧渔业	公共保障类行业
NPR1	－0.0223*** （－2.80）	－0.0231** （－2.20）	－0.0358** （－1.99）	0.0123 （0.55）	0.0337** （2.25）
NPR2	－0.01329*** （－6.20）	－0.0036** （－2.01）	－0.0467** （－2.03）	0.0713* （1.75）	0.0271* （1.67）
LEV	0.1521*** （8.48）	0.0931*** （4.86）	0.4078*** （3.75）	0.5286*** （4.00）	0.0430 （1.09）
SIZE	0.0004 （0.18）	0.0021 （0.73）	－0.0252*** （－2.92）	0.0092 （0.51）	－0.0016 （－0.37）
ROE	－0.6524*** （－12.80）	－0.5372*** （－9.95）	－1.1245*** （－5.61）	－1.004*** （－2.79）	－0.3267** （－2.49）
NPT	－0.0509*** （－9.20）	－0.0264*** （－3.51）	－0.0271 （－1.33）	－0.0229 （－0.79）	－0.0498*** （－3.43）
INVINT	0.0928*** （5.39）	0.1122*** （3.46）	0.0629 （1.43）	－0.3536*** （－3.46）	0.1848*** （5.39）
CON	0.1865*** （3.76）	0.1501** （2.34）	0.7076*** （4.15）	－0.0949 （－0.26）	0.2397** （2.28）
N	2073	1006	175	113	223
调整 R^2	0.2264	0.1680	0.3655	0.4042	0.1647

注：***、**、*分别表示回归系数在 1%、5%和 10%的水平显著，括号中为回归系数的 t 值，行业和年份虚拟变量的回归结果未列示。

第一，全行业回归结果分析。表 4－11 显示，全行业回归结果中，NPR1 和 NPR2 的系数均为负且都通过了 5% 的显著性水平检验，这说明从全行业来看，在其他条件相同的情况下，国有股权比例小于 0.2 的企业税收负担最低，国有股权比例大于等于 0.5 的企业税收负担最高，国有股权比例的变化对企业税收负担有显著影响，在混合所有制企业中，产权结构对企业的税收负担有显著影响，假设 1 得到了验证。全行业来看，国有股权比例越高的企业税收负担也显著较高，这与大多数学者的研究结论一致，国有股权比例越高的企业税务管理水平和税收筹划动机越低，而且还要承担较多的政府负担，因此，税收负担水平也更高。

在控制变量的回归结果中，财务杠杆的回归系数为正且通过了 5% 水平的显著性检验，这说明财务杠杆对企业税收负担有显著的影响，在其他条件相同的情况下，企业的财务杠杆越大，税收负担也越高，这与理论预期不符。理论上来看，财务杠杆越大的企业越能够利用利息来抵税，从而降低税收负担。出现与理论预期相反的结论可能是因为，当企业的借款越多时，借款成本也会随之增加，从而使利润下降，当利润下降的程度大于税收负担下降的程度时，便会出现税收负担上升的情况。企业规模的系数为正，没有通过显著性检验，说明不能认为企业规模与税收负担之间有显著的线性关系。是否享受税收优惠的系数为负而且显著，这说明在其他条件相同的情况下，享受税收优惠的企业税收负担要明显更低一些。存货密集度的系数为正且显著，这说明企业的存货越多，相对来说固定资产就越少，从而固定资产折旧的抵税作用就越小，税收负担就更高一些。

第二，制造业回归结果分析。从表 4－11 制造业模型 1 的回归结果可以看出，NPR1 和 NPR2 的系数分别为 －0.0231 和 －0.0036 且都通过了显著性检验，这说明从制造业来看，混合所有制企业产权结构不同确实会显著影响企业的税收负担，在其他条件相同的情

况下，税收负担由低到高分别为：国有股权比例小于 0.2 的企业、国有股权比例介于 0.2 与 0.5 之间的企业、国有股权比例大于等于 0.5 的企业，假设一得到了验证。制造业企业国有股权比例越低越有利于降低企业的税收负担，分析其原因，制造业属于竞争性比较强的行业，在这类行业中，企业国有股权比例越低，政治关联就越低，从而企业能够雇佣真正有能力的管理者，带领企业提高自身适应高度竞争的市场环境，企业的税务管理水平、税收筹划能力也会提高，从而降低企业的税收负担。

控制变量方面，财务杠杆系数显著为正，这说明企业负债比率越高，税收负担越重，虽然负债可以带来抵税效应，但是当负债达到一定规模以后，借款成本也会更高，从而使得利润总额减少的程度比所得税减少的更多，税收负担反而随着负债的增多而上升。企业规模的系数为正，但没有通过显著性，不能认为制造业企业的规模与税收负担之间有显著的相关性。是否享有税收优惠的系数为负且显著，说明在其他条件相同的情况下，享受税收优惠的企业税收负担显著低于不享受税收优惠的公司，存货密集度的系数为正且通过了显著性检验，说明在其他条件相同的情况下，企业的存货密集度越大，税收负担越低。

第三，房地产业回归结果分析。从表 4 - 11 房地产业模型 1 的回归结果可以看出，代表产权结构的虚拟变量 NPR1、NPR2 的回归系数分别为 -0.0358、 -0.0467 且通过了显著性检验，这说明从房地产业来看，混合所有制企业产权结构不同确实会显著影响企业的税收负担，在其他条件相同的情况下，税收负担由低到高分别为：国有股权比例界于 0.2 与 0.5 之间的企业、国有股权比例小于 0.2 的企业、国有股权比例大于等于 0.5 的企业，假设一得到了验证。房地产业企业国有股权比例降低到 0.5 以下可以显著降低企业的税收负担，而且将其比例保持在 0.2 与 0.5 之间为宜，这说明在房地产业，保持国有股权参股且能够对企业产生重大影响时，越能够发挥多元化股权带来的好处，形成各种产权都能发挥作用且相互制衡的治理结构，从而减轻企业的税收负担。

控制变量上，财务杠杆系数为正且通过了显著性检验，存货密集度系数为正且通过了显著性检验，是否享有税收优惠系数为负且通过了显著性检验，这与制造业回归结果相似，在此不做解释。企业规模的系数显著为负，说明在其他条件相同的情况下，企业的规模越大税收负担就越低，这主要是因为规模越大的企业机构设置越完善，有专门的税务人员进行税务管理和税收筹划工作，从而降低企业的税收负担。

第四，农林牧渔业回归结果分析。从表 4 - 11 农林牧渔业模型 1 的回归结果可以看出，NPR1、NPR2 的系数都不显著，说明对农林牧渔业来说，产权结构对企业税收负担的影响并不显著，对于农林牧渔业假设一不成立。这主要是因为目前我国对农林牧渔业规定了比较多的税收优惠政策，这些税收优惠政策大大降低了企业的税收负担，也使得产权结构与税收负担之间的关系不再显著。另一方面，农林牧渔业具有需求刚性的特点，企业的经营绩效与企业的经营管理水平关系并不密切，在这种情况下，企业之间的经营管理水平差距也不会太大，包括税务管理水平和税收筹划的水平差距也不会太大，这也会造成产权结构与税收负担之间不再有显著的相关性。

控制变量方面，企业绩效和存货密集度系数显著为负，财务杠杆系数显著为正，其他变量与企业税收负担没有显著的相关性。

第五，公共保障类行业回归结果分析。从表 4 - 11 公共保障类行业模型 1 的回归结果可以看出，代表产权结构的虚拟变量 NPR1、NPR2 的回归系数分别为 0.0337、0.0271 且通过了显著性检验，说明对于公共保障类行业，混合所有制企业产权结构不同会显著影响企业的税收负担，假设 1 得到了验证。在其他条件相同的情况下，税收负担由低到高分别为：国有股权比例大于等于 0.5 的企业、国

有股权比例介于 0.2 与 0.5 之间的企业、国有股权比例小于 0.5 的企业，这与制造业和房地产业的回归结果不同，在制造业和房地产业，国有股权比例越高的企业由于承担着更重的政策性负担而具有较高的税收负担。这可能是因为，不同于制造业和房地产业的国有企业，公共保障类行业的国有企业大都属于中央政府控制，他们往往不会因为政府干预承担较高的税负（刘行，刘小荣，2012）。[①] 这些企业关乎整个社会的国计民生，是国家的支柱产业，中央政府会对这些企业给予特别关注和支持，保持其稳定健康发展。另一方面，公共保障类行业的国有企业大都归中央企业控制，而中央政府的财政收入相对于地方政府来说是比较充裕的，不会给其控制的中央企业施加额外的负担。因此，国有股权比例更高的企业税收负担反而更低。

控制变量上，财务杠杆和企业规模的系数都不显著，这可能同样是由于公共保障类行业的特殊性决定的。是否享有税收优惠的系数显著为负，存货密集度的系数显著为正，这与其他行业的回归结果类似，在此不做赘述。

②税收负担与企业绩效回归结果。为了检验税收负担对企业绩效的影响，本研究对模型 2 进行回归分析，结果如表 4 – 12 所示：

表 4 – 12　模型 2 的实证检验结果（因变量：ROE）

变量名称	全行业	制造业	房地产业	农林牧渔业	公共保障类行业
ETR	–0.1627***	–0.1676***	–0.1919***	–0.1681**	–0.1452***
	(–15.61)	(–10.13)	(–7.15)	(–2.14)	(–3.23)
LEV	0.0384***	0.0365***	0.1506***	0.0244***	0.0509**
	(5.07)	(3.36)	(5.03)	(2.44)	(2.25)
SIZE	0.0019*	–0.0017	–0.0025	0.0054	–0.0007
	(1.77)	(–1.06)	(–1.31)	(0.53)	(–0.24)

① 刘行，李小荣．金字塔结构、税收负担与企业价值：基于地方国有企业的证据．管理世界，2012（8）：91 – 105.

续表

变量名称	全行业	制造业	房地产业	农林牧渔业	公共保障类行业
NPT	-0.0153*** (-5.74)	-0.0085** (-2.05)	0.0006*** (2.64)	-0.0045 (-0.21)	-0.0177** (-2.19)
CIR	-0.0101*** (-4.42)	-0.0529*** (-5.30)	-0.2214*** (-4.35)	-0.0076*** (-2.47)	-0.2884*** (-9.17)
CON	0.0921*** (4.01)	0.1937*** (5.47)	0.3279*** (6.60)	-0.0394 (-0.27)	0.3858*** (5.02)
N	2073	1006	175	113	223
调整 R^2	0.1469	0.1164	0.4902	0.3691	0.3 145

注：***、**、*分别表示回归系数在1%、5%和10%的水平显著，括号中为回归系数的t值，行业和年份虚拟变量的回归结果未列示。

第一，全行业回归结果分析。表4-12全行业回归结果显示：解释变量ETR的系数为负且通过了5%的显著性检验，说明企业税收负担与企业绩效之间有显著的负相关性，在其他条件相同的条件下，企业税收负担的降低可以显著提高企业绩效。这符合理论分析，假设2得到了验证。

控制变量方面，财务杠杆的回归系数为正且显著，这说明企业财务杠杆与企业绩效之间有显著的正相关性，这符合理论分析的结果。财务杠杆越高代表可以利用的外来资金越多，只要外来资金利用产生的利润大于其承担的借款费用，负债经营就有利可图，可以提高企业的经营绩效。是否享受税收优惠的系数为负且显著，这说明在其他条件相同的条件下，享受税收优惠的企业绩效反而越低，这与理论分析不符。享受税收优惠的公司可能依靠其政策方面的优势而疏于管理水平的提高，最终反而没有使税收优惠充分发挥作用。收入成本率的系数为负且显著，说明在其他条件相同的情况下，企业的经营成本越高，绩效就越低。

第二，制造业回归结果分析。从表4-12制造业税收负担与企业绩效的回归结果可以看出，税收负担ETR的回归系数为负且通过

了显著性检验。说明税收负担与企业绩效之间的负相关性在制造业仍然成立。假设 2 得到了验证。

控制变量方面，财务杠杆的系数为正且通过了显著性检验，这与总体回归结果类似，财务杠杆的系数为正符合理论预期。企业规模的回归系数为负但没有通过显著性检验，表明不能认为制造业企业的企业规模与企业绩效之间存在明显的线性关系。是否享受税收优惠的系数为负且显著，这说明在其他条件相同的条件下，享受税收优惠的企业绩效反而越低。收入成本率的系数为负且显著，说明在其他条件相同的情况下，企业的经营成本越高，绩效就越低。

第三，房地产业回归结果分析。从表 4 - 12 房地产业税收负担与企业绩效的回归结果可以看出，税收负担 ETR 的回归系数为负且通过了显著性检验。说明税收负担与企业绩效之间的负相关性在房地产业仍然成立。假设 2 得到了验证。

控制变量中，财务杠杆的系数显著为正，表明企业的财务杠杆越大，绩效也就越高，这是因为企业的财务杠杆越大，说明其能够利用的外部资金越多，只要这些资金带来的收益大于资金成本就有利可图，从而提高企业绩效。企业规模的系数为负但是没有通过显著性检验。是否享受税收优惠的系数显著为正，表明在其他条件相同的情况下，享受税收优惠的房地产企业绩效明显要高于没有享受税收优惠的房地产企业，收入成本率的系数为负且显著，说明在其他条件相同的情况下，收入成本率越高的企业盈利水平越低。

第四，农林牧渔业回归结果分析。从表 4 - 12 农林牧渔业的回归结果可以看出，税收负担 ETR 的回归系数为负而且通过了显著性检验，这说明实际税收负担与企业绩效之间的负相关性在农林牧渔业仍然存在，这是因为税收负担是企业的一种资金流出，不论是哪个行业，都会使企业的净利润减少，从而降低企业绩效。

控制变量上，财务杠杆与企业绩效之间有显著的正相关性，收入成本率与企业绩效之间有显著的负相关性。其他控制变量与企业绩效之间没有显著的相关性。

第五，公共保障类行业回归结果分析。从表 4 - 12 公共保障类行业税收负担与企业绩效的回归结果可以看出，税收负担 ETR 的回归系数为负且通过了显著性检验。说明税收负担与企业绩效之间的负相关性在公共保障类行业仍然成立。假设 2 得到了验证。

控制变量中，财务杠杆的系数显著为正，表明企业的财务杠杆越大，绩效也就越高，这是因为企业的财务杠杆越大，说明其能够利用的外部资金越多，只要这些资金带来的收益大于资金成本就有利可图，企业绩效的提高就是负债经营带来的好处。企业规模的系数为负但是没有通过显著性检验。是否享受税收优惠的系数显著为负，表明在其他条件相同的情况下，享受税收优惠的公共保障类行业的企业绩效反而要低于不享受税收优惠的企业，这可能是由于表面上没有享受税收优惠的企业由于政府的支持与重视，实际上也获得了很多的发展好处。收入成本率的系数为负且显著，说明在其他条件相同的情况下，收入成本率越高的企业盈利水平越低。

总之，不管是全行业还是分行业，回归结果均显示企业税收负担与企业绩效之间有显著的负相关性，税收负担水平越低越有利于提升企业绩效。

③产权结构与企业绩效的回归结果及税收负担的传导效应检验。表 4 - 13 是全行业、制造业、房地产业、公共保障类行业模型 3 和模型 4 的回归结果，通过观测这两个回归的结果可以达到两个目的，模型 3 可以检验产权结构对税收负担的影响以及两者之间的关系是否存在行业差异，模型 4 的回归结果结合模型 3 和模型 1 便可以检验税收负担是否是产权结构影响企业绩效的传导路径。

第一，全行业回归结果分析。全行业模型 3 的回归结果显示，产权结构虚拟变量 NPR1、NPR2 的系数都为正且两者的 P 值都小于 0.05，这说明从全行业来看，产权结构会对企业绩效产生显著影响，假设 3 得到验证。在其他条件相同的条件下，企业绩效从高到

表 4-13　　模型 3 和 4 的实证检验结果（因变量：ROE）

变量名称	全行业		制造业		房地产业		农林牧渔业	公共保障类行业
	模型 3	模型 4	模型 3	模型 4	模型 3	模型 4	模型 3	模型 3
NPR1	0.0203 *** (5.23)	0.0133 *** (3.68)	0.0137 *** (2.92)	0.0085 ** (2.01)	0.0429 *** (4.96)	0.0291 *** (3.70)	0.0037 (0.17)	-0.0134 * (-1.73)
NPR2	0.0089 ** (2.09)	0.003 (0.75)	0.0111 ** (2.21)	0.0099 ** (2.20)	0.0211 ** (1.98)	0.0091 (0.97)	-0.0095 (-0.33)	-0.0037 (-0.39)
ETR		-0.1610 *** (-15.5)		-0.1663 *** (-8.75)		-0.1715 *** (-7.23)		
LEV	0.0190 ** (2.42)	0.0396 *** (5.25)	0.0157 ** (2.51)	0.0366 * (1.02)	0.0796 *** (3.09)	0.1376 *** (4.50)	0.0519 (1.10)	0.0373 *** (3.43)
SIZE	0.0008 (0.72)	0.0014 (1.31)	-0.0014 (-0.65)	-0.0015 (-0.72)	0.0054 ** (2.10)	0.0001 (0.07)	0.0036 (0.22)	0.0005 (0.19)
NPT	-0.007 ** (-2.51)	-0.0145 *** (-5.43)	-0.0036 (-0.78)	-0.0087 * (-1.89)	0.0116 (1.52)	0.0034 (0.45)	-0.0022 (-0.09)	-0.0098 (-1.30)
CIR	-0.0121 *** (-4.95)	-.0101 *** (-4.43)	-0.0518 (-0.73)	-0.0530 (-0.81)	-0.2336 *** (-6.94)	-0.2184 *** (-4.20)	-0.0338 *** (-4.15)	-0.2667 *** (-7.30)
CON	0.0904 *** (3.61)	0.1091 *** (4.62)	0.1937 *** (5.47)	0.1816 *** (2.64)	0.　1277 ** (2.10)	0.2521 *** (4.62)	0.0144 (0.06)	0.3161 *** (4.24)
N	2073	2073	1006	1006	175	175	113	223
调整 R^2	0.038	0.1545	0.0395	0.1266	0.3511	0.5356	0.2815	0.2699

注：***、**、* 分别表示回归系数在 1%、5% 和 10% 的水平显著，括号中为回归系数的 t 值，行业和年份虚拟变量的回归结果未列示。

低排序为：国有股权比例小于 0.2 的企业、国有股权比例介于 0.2 与 0.5 之间的企业、国有股权比例大于等于 0.5 的企业。国有股权大于 0.5 的企业即国有绝对控股企业，实证研究显示其绩效最低，这与多数学者的研究一致。国有绝对控股企业往往承担着稳定就业、提供公共物品等社会目标，这时候便不能兼顾企业绩效最大化的目标，此外，正如 Boardman 和 Vining（1992）的观点，国有企业存在更为复杂的委托—代理问题，激励和监督都不到位。国有股权比例小于 0.2 的企业绩效最高，说明全行业来看，私有股权的效率高于国有股权，私有股权比例的提高可以显著提升企业的价值。

控制变量方面，财务杠杆与企业绩效之间有显著的正相关性，是否享受税收优惠变量的系数为负且显著，表明其与企业绩效之间有显著的负相关性，收入成本率的系数显著为负，说明在其他条件相同的情况下，企业的收入成本率越高越阻碍企业盈利水平的提高。企业规模则与企业绩效之间不存在显著的相关性。

全行业模型 4 的回归结果显示，在模型 3 的基础上加入税收负担这一解释变量之后，税收负担的系数显著为负，NPR1 的系数仍然显著但数值变小，NPR2 的系数不再显著，综合考虑模型 1 可以得出如下结论：全行业来看，税收负担是产权结构影响企业绩效的传导途径。国有股权比例越高的企业绩效越低，通过增加企业的税收负担减少企业绩效是国有股权比例作用于企业绩效的一种重要途径。假设 4 得到了验证。

第二，制造业回归结果分析。制造业模型 3 的回归结果显示，产权结构虚拟变量 NPR1、NPR2 的系数都为正且通过了显著性检验，这说明对于制造业来说，产权结构会对企业绩效产生显著影响，假设 3 得到验证。在其他条件相同的条件下，制造业企业绩效从高到低排序为：国有股权比例小于 0.2 的企业、国有股权比例介于 0.2 与 0.5 之间的企业、国有股权比例大于等于 0.5 的企业。对于制造业企业来说，国有股权占比越低越有利于提高企业绩效。这说明在制造业这种竞争性比较强的行业中，国有股权比例越高的企业越不容易适应高度竞争的环境，适当降低制造业企业国有股权比例可以提高其企业绩效。

控制变量方面，除了财务杠杆的系数显著为正外，其他变量的系数都不显著。

制造业模型 4 的回归结果显示，在模型 3 的基础上加入税收负担这一解释变量之后，税收负担的系数显著为负，NPR1 和 NPR2 仍然显著但数值都有所减少，综合考虑制造业模型 1 的回归结果可以得出如下结论：从制造业来看，税收负担是产权结构影响企业绩效

的传导途径。国有股权比例越高的企业绩效越低，通过增加企业的税收负担减少企业绩效是国有股权比例作用于企业绩效的一种重要途径。假设 4 得到了验证。

第三，房地产业回归结果分析。表 4－13 房地产业模型 3 的回归结果显示，产权结构虚拟变量 NPR1、NPR2 的系数都为正且通过了显著性检验，这说明对于房地产业来说，产权结构会对企业绩效产生显著影响，假设 3 得到验证。在其他条件相同的条件下，房地产业企业绩效从高到低排序为：国有股权比例小于 0.2 的企业、国有股权比例介于 0.2 与 0.5 之间的企业、国有股权比例大于等于 0.5 的企业。对于房地产业企业来说，国有股权占比越低越有利于提高企业绩效。房地产业竞争性较大，私有股权比例越高的企业越能够适应高度竞争的市场环境，较少受到政府的干预，不会像国有国企一样承担较多的政府责任，可以将企业绩效最大化作为企业经营的目标。

控制变量方面，财务杠杆和企业规模的系数都显著为正，这说明在房地产业，合理范围内企业的财务杠杆越大，越能够利用负债经营提升自身的绩效。企业的规模越大越有利于借助规模效益递增的优势来提高企业绩效。收入成本率的系数为负且显著，说明在其他条件相同的情况下，企业的收入成本率越高，盈利水平越低。

房地产业模型 4 的回归结果显示，在模型 3 的基础上加入税收负担这一解释变量之后，税收负担的系数显著为负，NPR1 的系数仍然显著但数值变小，NPR2 系数不再显著，综合考虑房地产业模型 1 的回归结果可以得出如下结论：从房地产业来看，税收负担是产权结构影响企业绩效的传导途径。假设 4 得到了验证。

第四，农林牧渔业回归结果分析。农林牧渔业模型 3 的回归结果显示，NPR1、NPR2 的回归系数都没有通过显著性检验，这说明对于农林牧渔业，产权结构与企业绩效之间没有显著的相关性，假设 3 对于农林牧渔业不成立。这可能是因为目前给予了农林牧渔业

过多的优惠政策，导致其他条件的变化都不能显著影响企业绩效。这会造成行业间的不公平，也不利于行业产权结构的优化。

控制变量方面，收入成本率与企业绩效之间有显著的负相关性。其他变量与企业绩效之间没有显著的相关性。

由于模型 3 和模型 1 显示产权结构既没有显著影响企业绩效，也没有显著影响税收负担，因此无须对模型 4 进行回归，即可得出假设 4 在农林牧渔业不成立的结论。

总之，对于农林牧渔业，产权结构既不影响税收负担也不影响企业绩效。这给我们的启示是，对于某些行业的税收优惠政策应该适度，过多的税收优惠政策不仅会造成行业间的不公平，长期看来也不利于该行业产权结构的优化和发展。

第五，公共保障类行业回归结果分析。表 4 – 13 公共保障类行业模型 3 的回归结果显示，产权结构虚拟变量 NPR1、NPR2 的系数为负但没有通过显著性检验，这说明不能认为产权结构与企业绩效有显著的线性关系，假设 3 在公共保障类行业不成立。公共保障类行业的企业在经营的过程中，要承担保障国民经济安全、保障国计民生等比较重要的社会责任，这使得不论企业的国有股权比例如何，企业绩效最大化都不是其经营的唯一目标或者说不再是最重要的目标，因此，表现出产权结构与企业绩效没有显著相关性的特点。

控制变量方面，财务杠杆的系数显著为正，这说明在公共保障类行业，合理范围内企业的财务杠杆越大，越能够利用负债经营提升自身的绩效。企业的规模越大越有利于借助规模效益递增的优势来提高企业绩效。收入成本率的系数为负且显著，说明在其他条件相同的情况下，企业的收入成本率越高，盈利水平越低。企业规模和是否享有税收优惠这两个变量的系数都不显著。

由于模型 3 表明产权结构对企业绩效没有显著影响，因此，没有必要再对模型 4 进行回归即可得出如下结论：在公共保障类行业，产权结构不会影响企业绩效，税收负担自然也没有起到传导作用。

假设 4 不成立。

总之，对于公共保障类行业来讲，产权结构不会直接对企业绩效产生影响，但国有股权比例与企业税收负担有显著的负相关性，在该行业中，国有股权比例越高，越有利于降低企业税收负担。

4.2.4　混合所有制改革的行业选择与政策建议

(1) 重要研究结论

本研究将我国上市的混合所有制企业按照国有股权比例划分为三类，先后从全行业、制造业、房地产业、农林牧渔业和公共保障类行业对产权结构、税收负担和企业绩效的关系做了实证研究，并验证了税收负担是否是产权结构影响企业绩效的传导路径，实证研究结论如表 4－14 所示。

表 4－14　实证研究结论

项 目	全行业	制造业	房地产业	农林牧渔业	公共保障类行业
产权结构与税收负担（模型 1）	显著	显著	显著	不显著	显著
	国有股权比例减少，有利于降低企业税收负担	国有股权比例减少，有利于降低企业税收负担	国有股权比例减少，有利于降低企业税收负担	—	国有股权比例增加，有利于降低企业税收负担
税收负担与企业绩效（模型 2）	显著	显著	显著	显著	显著
	负相关	负相关	负相关	负相关	负相关
产权结构与企业绩效（模型 3）	显著	显著	显著	不显著	不显著
	国有股权比例减少有利于提高企业绩效	国有股权比例减少有利于提高企业绩效	国有股权比例减少有利于提高企业绩效	—	—
税收负担的传导效应检验（模型 4）	有传导效应	有传导效应	有传导效应	无传导效应	无传导效应

具体研究结论分述如下：

①全行业的实证研究结果表明，产权结构与企业税收负担有显著的相关性，国有股权比例越低的企业税收负担也越低；税收负担与企业绩效之间有显著的负相关性；产权结构与企业绩效之间有显著的相关性，国有股权比例越低的企业绩效越高；税收负担是产权结构影响企业绩效的传导途径。这表明全行业来看，相对于其他两类企业，国有股权比例小于0.2的企业税收负担最低、企业绩效最高。这与许多学者研究的结论基本一致，即国有股权的存在不利于提高企业的经营绩效，主要是因为国有股权的所有者是国家，缺乏真正的所有者，不利于企业绩效和盈利水平的提高。

②制造业的实证研究结果表明，产权结构与企业税收负担和企业绩效之间都有显著的相关性，税收负担与企业绩效之间有显著的负相关性，税收负担是产权结构影响企业绩效的传导途径。适当降低制造业企业的国有股权比例，可以降低企业的税收负担并提高企业绩效这主要是因为，制造业竞争性比较强，在这类行业中，私有股权比例高的企业在治理结构、管理透明度、税务管理水平等方面都占优势，从而更能够适应高度竞争的市场环境，且这种优势能够明显给企业带来好处。因此在制造业中，适当降低国有股权比例可以提高企业绩效。

③房地产业的回归与制造业的回归结果相似，产权结构与税收负担和企业绩效之间都有显著的相关性，税收负担与企业绩效之间有显著的负相关性，国有股权比例越低越有利于提升企业绩效，税收负担是产权结构影响企业绩效的重要途径。房地产业竞争性较强，在这类行业中，企业股权归属越明确，越能够适应高度竞争的市场环境，因此，国有股权比例的适当降低有利于提高企业绩效。

④农林牧渔业的实证结果表明，产权结构与企业税收负担和企业绩效之间都没有显著的相关性。一方面，农林牧渔业属于需求刚性行业，企业绩效的差异不明显也是正常的。另一方面，我国对农

林牧渔业规定了比较多的优惠政策，过多的优惠政策使得企业的税负相对于其他行业要明显偏低，虽然这减轻了农林牧渔业的税收负担，保障了国民基础性产业的发展，但是过多的优惠政策不但会造成行业间的不公平，还会造成其他因素对企业的影响不再显著，从长期来看反而不利于企业产权结构和治理结构的优化。

⑤公共保障类行业的实证结果表明，产权结构与企业的税收负担之间有显著的相关性，税收负担与企业绩效有显著的负相关性，产权结构与企业绩效之间没有显著的相关性，因此，税收负担也不再起传导作用。公共保障类行业的税负由低到高为：国有股权比例大于 0.5 的企业、国有股权比例介于 0.2 与 0.5 之间的企业、国有股权比例小于 0.2 的企业。这主要是因为，公共保障类行业的国有企业大多属于中央国有企业，对于这类关乎国计民生、正外部性比较大的行业，主要承担的是保障国民经济安全与提供社会公共物品、公共服务的责任，因此，政府会出台比较多的优惠政策，国有控股企业显然更容易获得这些税收优惠政策，因此，其税收负担较低。但是，国有股权比例的改变并不能提升企业绩效，相对来说，公共保障类行业最关注的并不是自身绩效，而是社会与公共服务等方面的贡献。对于这类行业中的国有国企，应该在保证国有绝对控股的基础上适当引进私有股权，以促进股权多元化，形成各股东互相制衡的治理结构，使公司治理更加透明有效。

总之，产权结构对企业税收负担和企业绩效的影响因行业而异。只有在竞争性比较强的制造业和房地产业中，国有股权的存在才对企业绩效有显著的负面影响，而在农林牧渔业和公共保障类行业中产权结构并没有对企业绩效产生显著的直接影响，在公共保障类行业中，国有股权越多的企业反而具有更低的税收负担。

（2）混合所有制改革的行业选择

根据上述研究结论推断，国企混合所有制改革过程中，政府应当有针对性地选择和引入不同性质的非公有资本。从行业角度出

发，必须衡量实施混合所有制改革的国企的绩效水平和税收贡献度变化情况，划分出适于“混改”和不适于“混改”的行业类型，然后根据行业特征和内在规律采取分而治之的差异化策略，有效推进国企混合所有制改革。

①适于“混改”的行业类型。除国防、军工制造业外，制造业领域一般竞争性比较强，在这类行业中，民营参股比例越高的国有企业越能在治理结构、管理透明度、税务管理等方面发挥优势，越能发挥其市场竞争优势，实现合法控税、提升绩效水平。因此，竞争性制造行业的国有企业适于“混改”。

房地产业处于竞争性领域，在这类行业中，产权越明晰，企业股权归属越明确，越能适应高度竞争的市场环境。国有股权的所有者是国家，往往存在产权主体缺位和监管缺位问题，因此，通过监管适度的“混改”，降低房地产行业国有企业的国有股权比例，充分发挥不同性质产权的制衡作用，就能够有效提升房地产国有企业的绩效水平。

公共保障类行业是关系国计民生、正外部性比较大的行业，主要承担保障国民经济安全与提供公共产品的职责。这一行业的国有企业大多属于中央国有企业，政府对该行业通常出台较多的税收优惠政策，因此，该行业的国有企业实际税负普遍偏低，且长期处于垄断地位，几乎不参与市场竞争，企业关注的并不是自身业绩，而是提供公共产品的社会贡献，其经营业绩与税负水平一样，通常居于较低水平，其经营业绩还有相当大的提升空间。因此，对于这类行业的国有企业，应该在保持国有资本绝对控股的前提下适当引进非国有资本，实现股权多元化，不断优化公司治理结构，有效提升其经营业绩和税收贡献。此外，这类行业的国有企业也可尝试通过购买服务、特许经营、委托—代理等方式，鼓励非国有企业参与经营。

②不适于“混改”的行业类型。自然垄断行业是一个比较重要

的领域，在这类行业中几乎没有市场竞争的存在。这一行业涉及的细分行业与领域较多，主要包括通信基础设施、枢纽型交通基础设施、水利水电航电枢纽、跨流域调水工程，水资源、森林资源、战略性矿产资源等开发利用领域，江河主干渠道、石油天然气主干管网、电网等领域，核电、气象、测绘、水文等领域，粮食、石油、天然气等战略物资国家储备领域，国防军工等特殊产业以及其他前瞻性战略性产业、生态环境保护、共用技术平台等领域。由于自然垄断行业在国民经济中居于重要战略地位，其中涉及的国家安全和重点战略产业，必须实行国有独资或绝对控股，但可以探索政企分开、政资分开、特许经营等具体改革模式，但不宜深度推行“混改”；不涉及国家安全的一般垄断行业可以实行国有独资或控股，部分领域尝试以准入方式吸收非国有资本参与投资或建立竞争性采购机制；电网、管网等带有公共资源性质的垄断行业，根据行业特点实行网运分开、放开竞争性业务。

农林牧渔业是一个比较特殊的行业。首先，农林牧渔业属于需求刚性行业，企业绩效水平的差异性不太明显；其次，企业的经营管理水平与企业绩效的关系并不密切；最后，我国税法给予农林牧渔业较多的税收优惠，这使得该行业的实际税负率比其他行业明显偏低，虽然这会减轻农林牧渔业的税收负担，但是过多的税收优惠不仅会造成行业间的不公平，还会造成其他因素对企业的影响不再显著，从长期来看反而不利于该行业国有企业的产权结构和治理结构的优化。因此，农林牧渔业不适于进行“混改”。

（3）混合所有制改革的政策建议

①根据行业类别制定国企混合所有制改革方案。产权结构与企业税收负担和企业绩效之间的相关性因行业而异。在制造业和房地产业这种竞争性比较强的行业中，适当降低国有股权比例有利于降低企业税收负担并提高企业绩效，而农林牧渔业和公共保障类行业的企业产权结构和企业绩效却没有显著的相关性。因此，混合所有

制改革也要根据企业所属行业的不同，有针对性地采取不同的改革措施。

第一，竞争性行业要较大幅度减少国有股权比例。制造业和房地产业等竞争性行业的国有企业，属于商业类国有企业，这类国有企业相对来说不用承担保证国民经济安全的责任，也不是关乎国计民生的国有企业，因此应将提高这类企业的绩效作为混合所有制改革的重要目标。本研究表明对于这类国有企业，将国有股权比例减少到0.2以下可以显著降低企业的税收负担并提升企业绩效。所以，对于竞争性行业的国有企业，混合所有制改革一定要彻底，如果国有股权减少的程度不够，仍然保持国有控股的形式，将达不到效果和目的，采用国有参股的形式对于这类行业的混合所有制改革是比较理想的形式。在具体做法上，可以通过上市的方式逐步引入私有资本，实现股权多元化，形成各方互相监督的治理结构，逐步退出国有资本，将国有资本投入到更加需要和合适的领域。

第二，公共保障类行业要保持国有股权控股地位。对于公共保障类行业的国有企业，产权结构不会显著影响这类企业的经营绩效，当然这类国有企业的混合所有制改革并不能以提升企业绩效为主要目的，其更重要的使命是保证国民经济的健康运行和安全、提供公共产品和公共服务。因此，必须保证国有股权的控股地位，在此基础上，鼓励各种形式的非国有资本参股，以提高企业的活力。在这种情况下，必须保证参股的非国有资本有平等的话语权和监督管理权，防止其被国有资本侵蚀的风险。对于这类企业，除了适当引入非国有资本，改革的重点要放在政府角色的转变上，要根据政企分开的原则，使企业真正成为自主经营的主体，政府主要发挥好监督功能，只有这样，才能既激发企业活力，又保障其功能的发挥。

②合理降低国有企业和民营企业的税收负担。研究结果表明，企业的税收负担与企业绩效之间有显著的负相关性，这表明降低企

业的税收负担可以显著地提高企业绩效。但是，盲目降低企业的法定所得税税率并不是理想的降低企业实际税收负担的方法，因为法定税率的制定要综合考虑很多种因素，比如国外的税率情况、我国的财政收入情况等等。目前来看，我国的法定所得税税率在国际上处于中等水平，吸引外资的优势还比较明显，从这方面来看无须降低企业法定所得税税率；另一方面，在我国财政收入和税收收入连续五年增速下降的情况下，降低法定税率会严重影响我国的财政稳定。因此，可以考虑从其他方面入手降低企业的实际税收负担。

第一，政府要执行好税收优惠政策。目前我国进一步扩大了税收优惠的力度，小微企业所得税优惠享受条件从年应纳税所得额 50 万元上升至 100 万元，科技型中小企业研发费用加计扣除比例由 50% 提高至 75% 。这一系列税收优惠政策旨在降低企业税收负担，使企业有更多的资金可以利用，从而提高企业的经营绩效，因此，必须执行好这些税收优惠政策，在审批流程等执行层面要以方便企业为出发点，切实落实好这些政策。

第二，保持行业间税收负担的公平性。目前来看，农林牧渔业的税收负担显明显低于其他行业，政府的出发点是为了保护基础性产业的发展，这本无可厚非，但是过多的税收优惠政策必然会造成行业间税负不平等，长远来看，不利于产业结构的优化，也不利于农林牧渔业产权结构的优化，因此，政府应积极探索支持农林牧渔业发展的方式方法，不能过多地依赖税收优惠政策。

③完善治理结构以保障产权结构调整发挥作用。产权结构与企业绩效的相关性因行业而异，竞争性行业产权结构的调整能够显著影响企业绩效，而在公共保障类行业和农林牧渔业这种关系则不显著，这除了与行业特点有关，公司内部的治理结构是否完善也是一个重要的因素。作为影响企业绩效最直接也是最重要的因素，如果公司的治理结构不完善，产权结构调整也不可能达到理想效果。因此，必须完善公司治理结构。首先，明确董事会、监事会和股东

会、经理层各自的职责和权限，尽量避免职责权力交叉，形成各方互相制衡的治理结构。其次，要制定并执行好相关制度，既保证各方行使自身权利又要防止越权行为。最后，要完善公司内部激励机制，尤其是对经理层的激励，将经理层自身的利益与公司绩效挂钩，减少委托—代理问题。只有这样，产权结构调整才能达到提高企业绩效的效果。

④完善产权保护制度。混合所有制改革意味着国有股权与私有股权的相互融合，要使混合所有制改革能够发挥作用，必须完善产权保护制度，既要防止国有资产流失，又要防止私有资产被侵蚀。目前我国在产权保护方面做得还远远不够，已经不能适应市场经济发展的需要。因此，必须加快推进产权保护相关工作，2016 年颁发的《关于完善产权保护制度依法保护产权的意见》表明党和国家对保护各种产权的决心和要求。因此，在保护产权中必须体现法治观念，在法律框架内做好产权保护工作。

⑤完善混合所有制改革相关配套制度。混合所有制改革意味着国有资产的不断进入和退出，国有资产的定价及交易法规等方面都要有所完善。要按照科学合理、公开透明的方式对国有资产的价格进行评估，在交易过程中要对各方做好监督与制约，防止暗箱操作和以权谋私行为，切实防止国有资产流失。混合所有制改革同样需要引入私有资本，应制定相关的法律法规明确私有资本参与国有企业经营的形式，私有资本可以采用货币出资入股、土地使用权入股等方式出资参与，同时在界定国有股权转让的对象时要本着一视同仁和平等的原则，对各种类型的投资主体设置相同的条件，不能对民间的投资主体设置单独的限制条件，只有这样才能鼓励各种类型的私有资本积极参与到混合所有制改革的浪潮中，最终实现混合所有制改革的目的。

⑥混合所有制改革要分层推进。混合所有制改革意味着企业产权结构的调整，这不能一蹴而就，必须谨慎分层推进。产权结构

"一步到位"可能会产生无法弥补的后果和损失。因此，比较好的方法是首先从子公司层面开始，在改革的过程中时刻监控各方面的变化和发展趋势，做到根据实际情况不断完善改革方案。

第一，积极引导子公司层面的混合所有制改革。国企混合所有制改革的主要途径是通过各种方式引入非国有资本，最先可以在子公司层面开展这项工作，对于提供各种服务和产品的子公司，可以适当引入非国有资本，利用好非国有资本在管理、生产、研发等方面的优势，以更低的价格获得更优质的产品和服务，从而提升自身的研发能力、管理能力和经营能力。在此过程中要保证非国有资本的股东享有平等的管理监督权和收益权，只有这样才能达到混合所有制改革的目的。

第二，探索集团层面的混合所有制改革路径。混合所有制改革必须在整个集团层面开展工作。比如竞争性行业的国企，最终将国有控股企业改革成国有参股形式是理想结果，单纯从子公司层面开展工作很难达到这一目的。在整个集团层面，可以考虑通过上市、并购重组、发行可转让公司债券等形式引入各种形式的非国有资本，逐步退出国有资本，最终形成国有参股的多元治理结构，在此过程中，要严格按照国有资产的交易法律法规进行，确保公正、合理、透明，防止国有资产流失。

第5章　产权性质与企业税收负担

产权资源的可分割性和可分离性，促成了两种有益的专业化：(1) 对资源使用的决策权；(2) 承担市场或交换价值实现的结果。前者是控制权，后者是所有权，即产权的分割性和分离导致了控制权和所有权的分离，而这是一种专业化的需要。

——阿尔钦 (Alchian)

5.1　中国不同所有制企业实际税负比较①

5.1.1　不同所有制企业纳税总额的比较

本章主要根据2006~2015年中国国有企业和民营企业的相关数据，从纳税总额和效率的角度出发，对国有企业和民营企业实际税负进行比较，从而对国有企业和民营企业的税收贡献和企业税负水平进行深入分析，见图5-1。

(1) 数据来源

全国历年的税收收入总额数来源于2016年《中国统计年鉴》；中央企业、地方国企以及全国国有企业的年度纳税总额数来源于2016年和2012年《中国财政年鉴》；对于民营企业，按照国家统计

① 蔡昌，李蓓蕾．不同所有制企业实际税负比较．南方经济，2017 (11)．

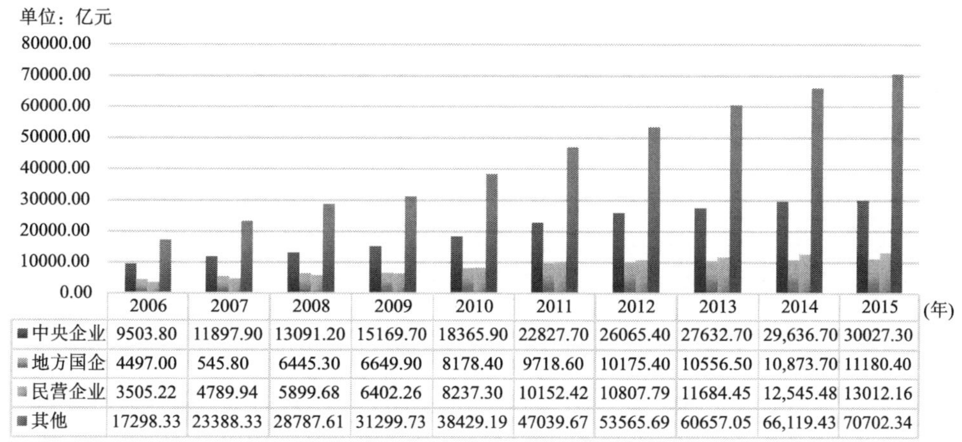

	2006	2007	2008	2009	2010	2011	2012	2013	2014	2015
中央企业	9503.80	11897.90	13091.20	15169.70	18365.90	22827.70	26065.40	27632.70	29,636.70	30027.30
地方国企	4497.00	545.80	6445.30	6649.90	8178.40	9718.60	10175.40	10556.50	10,873.70	11180.40
民营企业	3505.22	4789.94	5899.68	6402.26	8237.30	10152.42	10807.79	11684.45	12,545.48	13012.16
其他	17298.33	23388.33	28787.61	31299.73	38429.19	47039.67	53565.69	60657.05	66,119.43	70702.34

图 5－1　2006～2015 年各类型企业年度纳税总额

注：国有企业，按照财政部的界定，是指全国国有及国有控股企业，包括中央企业和 36 个省（自治区、直辖市、计划单列市）国有及国有控股企业，即国有企业包括中央企业和地方国企。对于中央企业，包括中央管理企业（国资委监管的中央管理企业）和中央部门管理企业（中央部门所属的国有及国有控股企业）。

局设管司 2001 年 10 月 10 日颁布的《关于划分企业登记注册类型的规定》中的关于“私营企业”的范围界定，数据确定为 2007～2016 年《中国税务年鉴》中“私营企业”的全国税收总收入。

（2）数据分析

①年度纳税总额比较。国有企业的纳税总额始终是全国税收的支柱，是国家财政收入最重要的税收来源，其中中央企业最为明显。2015 年中央企业的纳税总额为 30027.30 亿元，达到 2006 年的 3.16 倍；相比之下，虽然地方国企纳税数额较少，增长速度较慢，2015 年比 2006 年增长了 1.49 倍，但其绝对值也达到了万亿元之上，也是国家财政的重要来源。在国家政策的激励下，民营企业近几年来发展势头迅猛，纳税总额增长幅度最大，2006 年纳税总额不足 4000 亿元，2015 年已达到 1.3 万亿元，是 2006 年的 3.71 倍。

从绝对量上相比，民营企业远达不到中央企业的纳税总额，2006 年中央企业纳税总额是民营企业的 2.71 倍，2015 年也有 2.32

倍；而地方国企的纳税总额在2010年时被民营企业反超，并逐步拉大差距，2015年民营企业比地方国企的纳税总额多1831.76亿元。

②纳税额所占比重比较。

纳税额所占比重=本年度该企业类型纳税额/本年度全国税收收入总额×100%

2006~2015年各类型企业年度纳税总额占全国税收收入比重如图5-2所示，从不同所有制企业纳税额占当年税收收入的比重能够更直观地感受到各类型企业的纳税地位。国有企业和民营企业是我国纳税的主体，近10年来其纳税总额一直保持50%左右，接近税收收入的一半，2012年开始略微下降，但2015年仍占43.41%。国有企业的纳税额比重一直较高，占40%左右，近年来有下降趋势。具体来说，2006年到2008年从40.23%下降至36.03%，2009年略微上升至36.66%，2009~2012年基本稳定在36%，而2013~2015年再度下降至32.99%。中央企业作为国有企业税收的主要来源，其纳税总额变化趋势与国企纳税总额基本保持一致，纳税额比重一直保持在25%左右。地方国企和民营企业在全国税收收入总量中的比重同样保持在10%上下，不同的是地方国企占比一直呈下降趋势，而民营企业虽在2011年之后略微下降但总体占比上升，并在2010年其纳税额比重超过地方国企，在2011年达到近年来最高占比11.31%，民营企业已经成为我国重要的税收收入贡献者。

③纳税额增长率比较。

纳税额增长率=（本年度纳税额/上一年度纳税额 -1）×100%

2006~2015年企业的年度纳税额增长率如图5-3所示。首先，从宏观上来看，各类型企业纳税额增长率在近年来起伏均较大，2007度出现较多差异，但最终2015年增长率较2012年均出现较大幅度的下滑。其次，国有企业的纳税额增长率除2009年比全国增长率略高出1.92%，20年出现第一个集体峰值，各类型企业增长率基

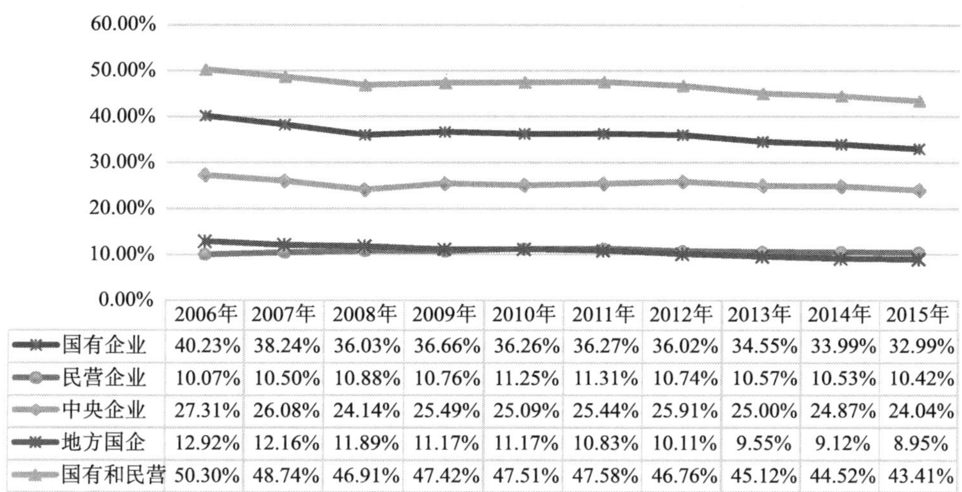

	2006年	2007年	2008年	2009年	2010年	2011年	2012年	2013年	2014年	2015年
国有企业	40.23%	38.24%	36.03%	36.66%	36.26%	36.27%	36.02%	34.55%	33.99%	32.99%
民营企业	10.07%	10.50%	10.88%	10.76%	11.25%	11.31%	10.74%	10.57%	10.53%	10.42%
中央企业	27.31%	26.08%	24.14%	25.49%	25.09%	25.44%	25.91%	25.00%	24.87%	24.04%
地方国企	12.92%	12.16%	11.89%	11.17%	11.17%	10.83%	10.11%	9.55%	9.12%	8.95%
国有和民营	50.30%	48.74%	46.91%	47.42%	47.51%	47.58%	46.76%	45.12%	44.52%	43.41%

图 5－2　2006～2015 年各类型企业年度纳税总额占全国税收收入的比重

本达到近年来最高；但 2008 年和 2009 年各类型企业出现增长率暴跌的现象，增长率达到低谷；2010～2011 年出现第二个较集中的增长率峰值；2012～2015 年各类型企业增长率变化略高于 0.03% 外，其他年份均较大程度低于全国税收增长率；地方国企的纳税增长率在 2006～2015 年之间一直低于全国的税收增长率；中央企业只有在 2009 年、2011 年和 2012 年略高于全国税收增长率，其余年份均低于全国水平。民营企业情况与国有企业有些不同，2011 年之前除了 2009 年比全国水平低 1.25%，其他年份远高于全国税收增长率，是纳税额增长率最高的企业类型；2012 年民营企业纳税额增长率出现较大幅度的下滑，虽在 2013 年有所上升，但直至 2015 年没有超过全国增长率水平。

国有企业与民营企业相比，只有 2009 年和 2012 年以微弱的比例高于民营企业，其他年份都与民营企业的纳税额增长率相差较大，尤其是 2011 年之前。

2008 年发生的全球金融危机，中国的经济受到严重打击，因此 2008～2009 年出现纳税额增长率的集中大幅下降；2010 和 2011 年出现回暖；2012 年世界经济低迷，中国经济增速放缓，实体经济发

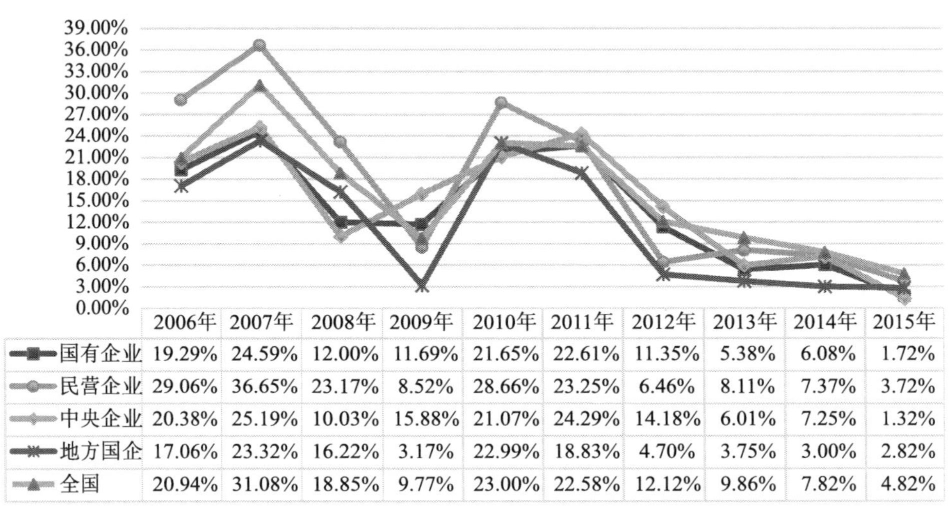

	2006年	2007年	2008年	2009年	2010年	2011年	2012年	2013年	2014年	2015年
国有企业	19.29%	24.59%	12.00%	11.69%	21.65%	22.61%	11.35%	5.38%	6.08%	1.72%
民营企业	29.06%	36.65%	23.17%	8.52%	28.66%	23.25%	6.46%	8.11%	7.37%	3.72%
中央企业	20.38%	25.19%	10.03%	15.88%	21.07%	24.29%	14.18%	6.01%	7.25%	1.32%
地方国企	17.06%	23.32%	16.22%	3.17%	22.99%	18.83%	4.70%	3.75%	3.00%	2.82%
全国	20.94%	31.08%	18.85%	9.77%	23.00%	22.58%	12.12%	9.86%	7.82%	4.82%

图 5－3　2006～2015 年各类型企业的年度纳税额增长率

展艰难，中国经济面临转型问题，国有企业亦需改革，因此各类型企业的纳税额增速大幅放缓，纳税额增长出现疲软，这段时间的纳税额增长率都保持较低水平。

综上所述，在 2006～2015 年的 10 年间国有企业纳税额绝对量不断增加，占全国税收总量的 30%～40%，其中中央企业约占 25%，因此，国有企业对我国税收收入的贡献具有不可撼动的地位；民营企业纳税总额也不断增长，其纳税额比重呈上升趋势，约占 11%，逐渐成为我国税收贡献的新兴力量。从增长相对值来看，2012 年之前民营企业更具活力，纳税额增长率远高于国有企业，近年来所有企业的纳税额增长率都稍显疲软，但国有企业纳税额增长率的幅度稍大于民营企业，民营企业的纳税额增长速度稍快。

5.1.2　不同所有制企业纳税效率与企业效率的比较

在进行税负率和企业效率比较时，我们选用了全国工商联每年一度的上规模民营企业调研中的按营业收入总额排名前 500 位的企业作为研究对象，因此，这里所描述的民营企业均指的是当年的民营企业 500 强。研究主要采用企业总体税负率和资产纳税贡献率两个指标来衡量企业的纳税效率，用以评估某类企业某年度单位营业收入或单位总资产所创造的纳税总额。

（1）数据来源

本部分民营企业数据均来源于全国工商联发布的不同年度的《中国民营企业 500 强调研分析报告》[①]。国有企业数据仍来源于《中国财政年鉴》。

（2）数据研究

①企业总体税负率。

企业总体税负率 = 本年度实际纳税总额/本年度营业（销售）收入总额 × 100%

如图 5 – 4 所示，不同类型的企业税负率有明显的差距。国有企业税负一直维持较高水平，接近 9% 的税负率，甚至在 2009 年达到 10.98%，是当时民营企业税负率的 2.93 倍；而民营企业税负率维持在 4% 上下，远低于国有企业税负率，2006 ~ 2015 年国有企业总体税负率基本上都是民营企业税负率的两倍以上。

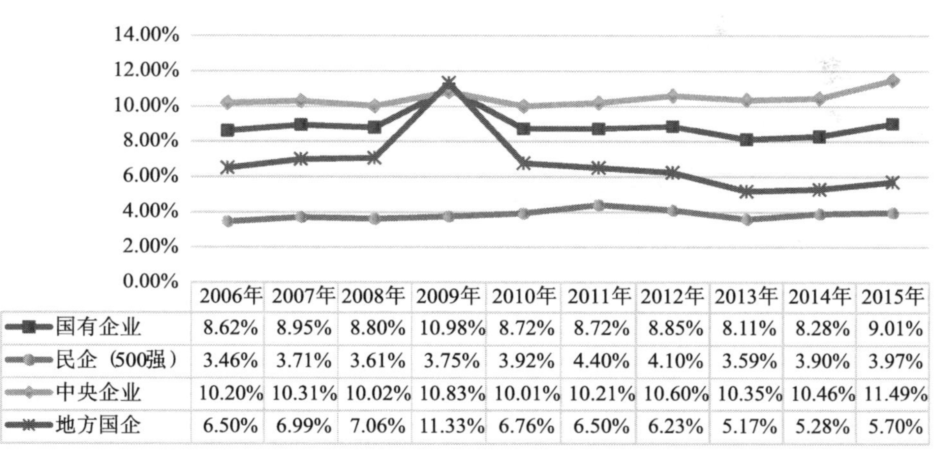

	2006年	2007年	2008年	2009年	2010年	2011年	2012年	2013年	2014年	2015年
国有企业	8.62%	8.95%	8.80%	10.98%	8.72%	8.72%	8.85%	8.11%	8.28%	9.01%
民企（500强）	3.46%	3.71%	3.61%	3.75%	3.92%	4.40%	4.10%	3.59%	3.90%	3.97%
中央企业	10.20%	10.31%	10.02%	10.83%	10.01%	10.21%	10.60%	10.35%	10.46%	11.49%
地方国企	6.50%	6.99%	7.06%	11.33%	6.76%	6.50%	6.23%	5.17%	5.28%	5.70%

图 5 – 4　2006 ~ 2015 年各类型企业的年度总体税负率

① 由于民营企业的相关数据的难以全部完整地获得，因此，本书依据上规模的民营企业 500 强的相关数据进行研究。

国有企业中的中央企业税负率更高，一般在10%以上，2015年达到了11.49%，不仅是民营企业的2.89倍，比地方国企的税负也高出不少。中央企业税负高的原因首先在于其多从事资源垄断型行业，适用高额特殊税种；其次，中央企业自身拥有完整的全产业链条，在增值税制度下，相比产业链短的企业，税负较高；最后，央企多集中在产业链的上游，产品价格多为行政垄断定价，企业承担的高税负可向下游企业和消费者转嫁。地方国企的税负率2008年之前缓慢上升，2009年突增到11.33%，随后下降到6%的一般水平，2013年下降到近年来最低水平5.17%，2014和2015年又有所回升。虽然地方国企在纳税绝对量和纳税占比上被民营企业反超，但地方国企的税负率水平却一直是民营企业的1.5倍左右。

②企业总体税负率与企业效率。关于国有企业和民营企业的效率、中央企业和地方国企的效率“孰高孰低”一直无定论，这是源于对“效率”的衡量标准不同。具体而言，评价企业效率的衡量标准分为微观效率标准和宏观效率标准，微观效率标准包括以净资产收益率等为代表的收益率标准和以全要素生产率为代表的生产率标准，较容易定量化；而宏观效率标准衡量的是企业对于宏观经济稳定、社会稳定等的贡献，较难定量化。本研究拟采用净资产收益率（ROE）作为衡量企业效率的标准。

净资产收益率体现了公司以自有资本获得净收益的能力。该指标越高，说明公司运用自有资本的效率越高，即投资带来的收益越高；指标越低，说明所有者权益的获利能力越弱。

如图5－5所示，民营企业的净资产收益率在2013年之前有较大幅度的波动，2010年达到最大值22.33%，其余年份基本保持在16%以上，2013年之后变化平缓有所下降，维持在14%左右；国有企业的净资产收益率明显低于民营企业，近年来持续下降，2015年下降至5.20%；民营企业和国有企业之间的差距也在扩大，2006年民营企业的净资产收益率是国有企业的1.46倍，而2015年民营企

业净资产收益率是国有企业的 2. 56 倍。中央企业和地方国企相差不大，总体也呈现下降趋势。中央企业在 2007 年出现净资产收益率小幅上升，2008 年下降至 7% 左右，随后一直维持在该水平，2015 年下降至 6% 左右；地方国企一直低于中央企业，2010 年之后开始大幅下降，2015 年只有 1. 90% 的净资产收益率。这说明民营企业的净资本获利能力大大高于国有企业，即民营企业的效率高；中央企业的效率高于地方国企。

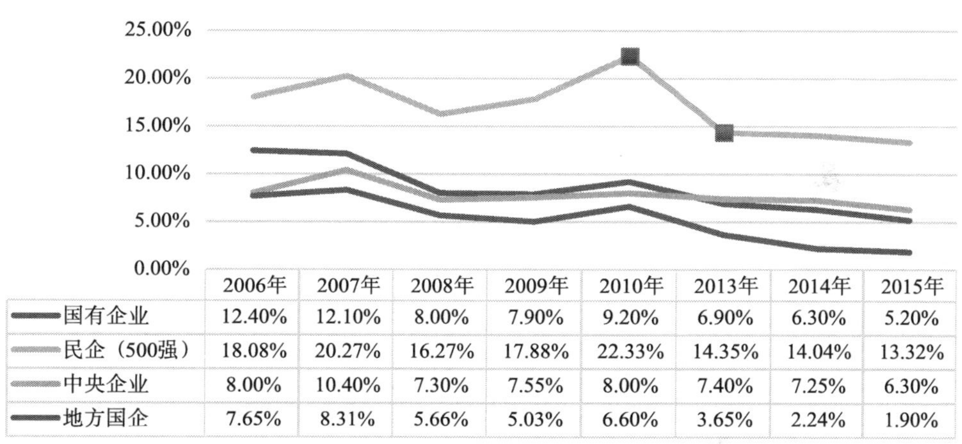

	2006年	2007年	2008年	2009年	2010年	2013年	2014年	2015年
国有企业	12.40%	12.10%	8.00%	7.90%	9.20%	6.90%	6.30%	5.20%
民企（500强）	18.08%	20.27%	16.27%	17.88%	22.33%	14.35%	14.04%	13.32%
中央企业	8.00%	10.40%	7.30%	7.55%	8.00%	7.40%	7.25%	6.30%
地方国企	7.65%	8.31%	5.66%	5.03%	6.60%	3.65%	2.24%	1.90%

图 5 – 5　2006 ~ 2015 年各类型企业的净资产收益率比较

由于计算净资产收益率时，民营 500 强企业缺少 2011 年和 2012 年的数据，因此本研究引入另一指标——资产净利率。该指标是企业在一定时期内的净利润和资产平均总额的比率。资产净利润率越高，说明企业利用全部资产的获利能力越强；资产净利润率越低，说明企业利用全部资产的获利能力越弱。该指标在一定程度上也可以说明企业的经营效率。

根据图 5 – 6 可知，各企业类型的资产净利率关系与净资产收益率基本相同，民营企业盈利能力最强，2010 年达到最大值，是国有企业的 2. 87 倍；中央企业的资产净利率大于地方国企，即中央企业效率更高。

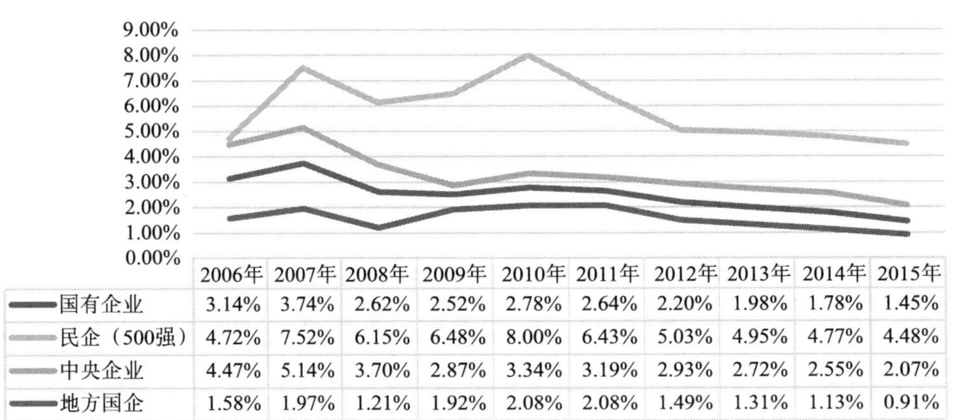

	2006年	2007年	2008年	2009年	2010年	2011年	2012年	2013年	2014年	2015年
国有企业	3.14%	3.74%	2.62%	2.52%	2.78%	2.64%	2.20%	1.98%	1.78%	1.45%
民企（500强）	4.72%	7.52%	6.15%	6.48%	8.00%	6.43%	5.03%	4.95%	4.77%	4.48%
中央企业	4.47%	5.14%	3.70%	2.87%	3.34%	3.19%	2.93%	2.72%	2.55%	2.07%
地方国企	1.58%	1.97%	1.21%	1.92%	2.08%	2.08%	1.49%	1.31%	1.13%	0.91%

图 5－6　2006～2015 年各类型企业的资产净利率比较

将企业总体税负率和资产净利率放在同一张图中可以更直观地观察出其中的关系（如图 5－7 所示），国有企业的资产净利率低于民营企业，而国有企业却承担着高于民营企业的税负率，这违背了高盈利能力高税负的原则；对于中央企业和地方国企而言，中央企业的盈利能力高于地方国企，其税负率也高于地方国企。因此，这两种不同现象意味着在现实经济实践中，不同产权安排下企业效率的高低与其税负率大小存在着不匹配的情况，见表 5－1 所示。

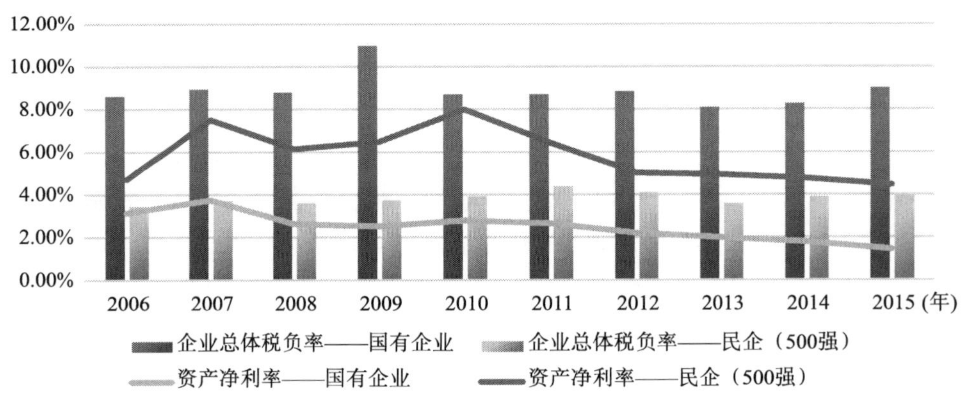

图 5－7　2006～2015 年国有企业和民营企业资产净利率和总体税负率比较

表 5－1　2006～2015 年国有企业和民营企业资产净利率和企业总体税负率比较

年度	资产净利率		企业总体税负率	
	国有企业	民企（500 强）	国有企业	民企（500 强）
2006	3.14%	4.72%	8.62%	3.46%
2007	3.74%	7.52%	8.95%	3.71%
2008	2.62%	6.15%	8.80%	3.61%
2009	2.52%	6.48%	10.98%	3.75%
2010	2.78%	8.00%	8.72%	3.92%
2011	2.64%	6.43%	8.72%	4.40%
2012	2.20%	5.03%	8.85%	4.10%
2013	1.98%	4.95%	8.11%	3.59%
2014	1.78%	4.77%	8.28%	3.90%
2015	1.45%	4.48%	9.01%	3.97%

②资产纳税贡献率。

资产纳税贡献率 = 本年度实际纳税总额/本年度资产总额 ×100%

如图 5－8 所示，2006～2015 年这 10 年间各类型企业的资产纳税贡献率总体上都有所下降。国有企业除在 2011 年有小幅上升之外，其余年份都呈下降趋势；民营企业除 2006 年以极微小的差异低于国有企业外，其余年份都高于国有企业资产纳税贡献率。中央企业的资产纳税贡献率最高，在 6% 上下浮动，2015 年下降至 4.64%，是近年来最低值，但也远高于民营企业和地方国有企业资产贡献率；地方国有企业不仅低于中央企业，而且远低于民营企业。综合考虑上述分析的因素，可以看出国有企业和民营企业效率和税负分布状况存在不匹配现象。

事实上，上述国有企业的数据只包括国有非金融企业，不包括国有金融企业，而全部国有金融企业的资产总额非常巨大，甚至比非金融国有企业还要多，因此加上金融企业的纳税额之后，整个国有企业纳税总量应超过全国纳税总量的 50%。另外国有企业的纳税透明度相对较高，而民营企业多少存在瞒报营业收入的可能性，即

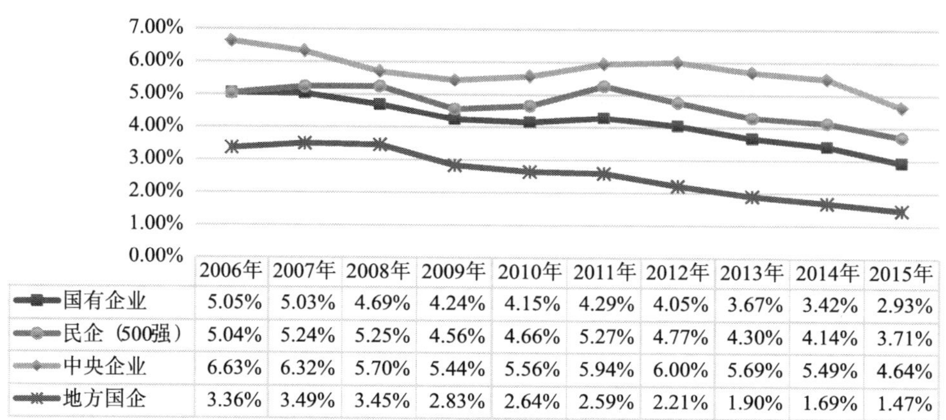

	2006年	2007年	2008年	2009年	2010年	2011年	2012年	2013年	2014年	2015年
国有企业	5.05%	5.03%	4.69%	4.24%	4.15%	4.29%	4.05%	3.67%	3.42%	2.93%
民企（500强）	5.04%	5.24%	5.25%	4.56%	4.66%	5.27%	4.77%	4.30%	4.14%	3.71%
中央企业	6.63%	6.32%	5.70%	5.44%	5.56%	5.94%	6.00%	5.69%	5.49%	4.64%
地方国企	3.36%	3.49%	3.45%	2.83%	2.64%	2.59%	2.21%	1.90%	1.69%	1.47%

图 5－8　2006～2015 年不同产权安排下的企业资产纳税贡献率

民营企业的实际盈利能力高于统计数据显示的能力，因此，民营企业的实际税负可能更低。

国有企业盈利能力不及民营企业，企业总体税负率却高于民营企业，这背后也隐藏着一定的隐患。首先，我国目前进入经济新常态，国有企业面临改革和转型，政策更加倾向新兴产业，高税负会使得国有企业发展更加艰难。其次，国有企业需要为国家战略提供财力支持，因此，国有企业虽然利润较大，但投资更大，高税负率使得国有企业负担更重，严重影响其后期发展。最后，在推进国企混合所有制改革和鼓励民资进入垄断性行业的背景下，国有企业不再在高资本密集型、资源密集型领域处于垄断地位，日趋公平的市场竞争环境也为税收配套体制建设提出新问题。

5.1.3　不同所有制企业实际税负差异的经济解释与政策建议

（1）不同所有制企业实际税负率存在差异的经济解释

①不同所有制企业因历史原因而形成不同的行业分布、规模大小和经营特点，是导致实际税负率差异的根源。

国有企业规模较大，且大多数处于高资源密集型和高资本密集型领域（如烟草制品业、石油和天然气开采业等），产业链较长；

一些基础设施建设、能源、金融、重工业等市场准入门槛较高的垄断行业，基本属于国有企业的“领地范围”，处于较高的行政垄断地位，基本上没有竞争压力，由此带来的高额垄断利润必然会导致较高的实际税负率。

相比国有企业而言，民营企业规模一般比国有企业小，且主要集中于竞争性较强和市场化程度较高的行业（如食品加工及制造业、纺织业、金属制品制造业等），产业链较短。民营企业的发展受到市场准入、资源限制和资本短缺的约束，在铁路、电信、电力、市政设施等领域仍存在进入障碍，政府对民营企业的总体扶持力度不及国有企业。

②因存在委托—代理关系的差异性、承担社会责任的差异性、税务管理成本的差异性、避税动机和行为惯例的差异性等因素，导致不同所有制企业形成显著的实际税负率差异。

国有企业没有强烈的税收筹划（或避税）动机，因各种影响因素的存在尚无法做到税务决策的科学性，具体分析如下：

首先，国有企业作为公有产权，产权主体不明确，委托人和代理人存在严重的信息不对称，进行税收筹划（或避税）不仅会带来较高的财务报告成本，而且还可能导致较高的税务风险和管理责任，甚至影响管理者个人晋升。所以，国有企业的税收筹划（或避税）动机不足。

其次，国有企业在其实际控制人——政府的控制下，经营目标并不完全是利润最大化，而是同时兼顾社会责任，而税收责任正是国有企业的主要社会责任之一，因此其税收筹划（或避税）动机较弱。

最后，国有企业的控股股东直接或间接地为政府，对政府而言，企业纳税和上缴利润并无实质区别，都是国家财富的增加，加之国有企业存在着“预算软约束”，削弱了国有企业税务管理的积极性。

民营企业的避税动机强烈，避税方式灵活且避税行为激进，导致民营企业较低的实际税负率结果。这可归之于以下原因：

第一，民营企业作为私有产权，产权主体明确，委托—代理关系较为简单，委托人与代理人之间存在较为畅通的信息沟通渠道，企业的控股股东能够了解企业利润降低的真实原因，从而财务报告的成本相对较低，进行税收筹划（避税）的动机比国有企业更强；

第二，民营企业的经营目标是实现利润最大化或股东价值最大化，而并不会像国有企业那样主动承担更多的社会责任和税收责任，因而其实际税负率偏低；

第三，由于政府往往利用国有企业控制着关系到国计民生的战略性行业和垄断性行业，而将一些次重要行业和竞争性产业民营化，使得民营企业所在行业进入门槛较低、竞争更为激烈，民营企业必须合理控制税收支出以寻求生存空间。

当然，民营企业还有可能通过一些不合理的甚至不合法的手段来逃避税收和监察，从而降低其实际税负率，同时造成了国家税收的大量流失。

③不同所有制企业与政府的政治关联度不同，显著影响其税务决策行为和实际税负率水平。

通常来讲，国有企业的政治关联程度较高，而民营企业的政治关联度较低。政治关联度从以下层面影响企业的价值观念和行为模式：

第一，不同所有制企业受到的政治干预程度不同。国有企业是终极股东，所有权、决策权最终控制在政府手中，国有企业的各种经济行为必须对政府负责。政府的宏观经济政策是国有企业的“指挥棒”，国有企业必须响应政府号召，协助政府完成一系列宏观管理职能。国有企业的价值观念必须和政府保持高度的一致性，这其实就是多年来尚未解决的“政企不分”问题。而民营企业不需要迎合政府，也没有这些方面的强制性约束。

第二，不同所有制企业享受到的税收优惠政策不同，享受的财政扶持政策不同，进而对实际税负率和税收行为产生大相径庭的影响。国有企业虽然承担较高的税负率，但是可以获取不同程度、不同口径的财政扶持，尤其是政府给予的各种财政补贴资金、财政返还资金，享受各种优厚待遇的政府性基金，这无疑会影响国有企业的实际税负率[①]。

第三，政治关联度诱导民营企业一些不合法“寻租”行为的产生，这在一定程度上影响了民营企业的相对竞争力，破坏了税制的公平性。民营企业看到政治关联的好处，通常会积极“寻租”以创造政治关联。政治关联对民营企业实际税负率的影响具有两面性，民营企业家获取参政议政机会与政府保持良好的互动关系，在一定程度上获取了企业发展所需要的各种外部资源，但是相应带来了政府所赋予的民营企业更多的社会责任，包括税收贡献等。

（2）推进混合所有制改革的政策建议

基于不同所有制企业实际税负率差异性的现实分析和经济解释，根据我国混合所有制改革精神，我们提出以下政策建议：

①混合所有制改革是一种产权调整手段，而非最终目的。有效利用混合所有制这一经济工具，是优化配置资源的重要实现形式。混合所有制改革影响企业的治理结构，完善监督机制，会对不同所有制企业的实际税负造成影响。

国有企业作为公有产权，产权主体不明确，委托人和代理人之间存在严重的信息不对称，且存在“预算软约束”的问题，必须进行国企业企业产权制度改革。民营企业作为比较活跃的市场主体，因其不具有战略性规划而易引起宏观经济波动，在政府管制与市场约束的框架下，也必须纳入宏观经济管理范畴，而不能任其恣意发

① 其实，企业的实际税负率应该将其所获取的财政返还、财政资金补贴等剔除后计算，这才是真正意义上的实际税负率。

展，形成唯利是图、不顾社会责任、超越道德与信用底线的泛滥之势。

我国政府倡导的混合所有制改革，是产权调整的一种手段，但不是经济发展的最终目的。混合所有制改革也不是强调所谓的“国进民退”或“国退民进”，而是在现有经济社会基础上对产权制度的一种新的变革思路。混合所有制改革的目的在于引入民营企业灵活的市场应对机制和管理体制创新，激发国有企业的活力和竞争力，同时带动非公有制经济的发展，同时完善企业内部的税务管理。混合所有制正是非公有制经济深度参与国有企业改革，利用国有企业成熟的平台、品牌、技术和渠道，结合私营部门的灵活机制和内在驱动力，实现经济社会资源的优化配置，共谋发展机会。

②企业改革的关键是实现不同所有制企业的机会均等、资源均等，完善规则平等、政策平等的所有制与产权制度框架，实现真正意义上的平等化。

民营企业出于经济利益的驱使，其税收筹划（或避税）动机较为强烈，方式较为灵活，由此造成税收申报真实度不高，不同程度上存在着税收违法行为。因此，政府一方面应加强对民企业的税收监管，提高民营企业依法纳税意识和税收诚信度，对不同纳税信用等级的民营企业实行不同的管理，采取不同的激励手段，提升诚信纳税企业的社会地位；另一方面，政府需要下大力气创造国有企业与民营企业公平竞争的经济社会环境，真正实现机会均等、资源均等，完善规则平等、政策平等的所有制与产权制度框架，从政策、制度上破除对民营企业的偏见，在统一政策、消除歧视、维护公平的基础上，逐步建立起不同所有制背景下统一的现代企业制度制。

5.2　产权性质对税收负担及财务绩效的影响①

5.2.1　背景分析

现阶段我国企业税收负担居于较高水平，不同产权性质企业之间的税收负担差异也较大。中金公司的研究成果表明：2012 年我国狭义的宏观税负（计入社保缴费）占 GDP 的比重为 22.4%；2012 年企业税负相当于其含税可支配收入的 47.4%（根据现金流量表计算）；2014 年我国政府全部收入占 GDP 的比重高达 37%，已超过发达国家的水平（平均为 30% ~35%），这与中国所处的发展阶段极不相称②。《人民日报》2012 年报道国企履行社会责任时指出：“国企平均税负远高于民营企业。”2011 年国资委主管的央企上缴税收 1.3 万多亿元，近年上缴税收每年增长约 20%③。2015 年中国企业改革与发展研究会副会长李锦在《国企税负高在哪儿了》一文中指出：“考虑到当前经济转型和可持续增长方面，尤其是混合所有制改革推开以后，国企平均税负远远高于民企，则应作辩证分析了。”④

伴随着我国经济体制改革和国有企业产权改革的进一步深化，政府和社会各界不仅关注产权性质与税收负担的关系，对产权性质与企业财务绩效相关性的讨论也从未停止过，但并未达成一致观点。本书实证研究产权性质、税收负担与企业财务绩效的相关性，试图揭开三者之间的内在逻辑关系并进行经济解释。

① 蔡昌，田依灵．产权性质、税收负担与企业财务绩效关系．税务研究，2017（9）．

② 降低税负不应缺席稳增长和调结构．中金公司宏观经济研究周报，2015 - 8 - 17.

③ 人民日报，2012 - 5 - 16.

④ 李锦．国企税负高在哪儿了．国企，2015（1）．

5.2.2 文献综述

（1）产权税收理论

诺斯（1994）指出，产权结构对经济增长绩效具有决定性作用。这一观点奠定了产权税收理论的制度经济学基础。朱庆民（1998）认为，产权制度为产权交易和创新确立规范，而税收制度会对其产生直接影响，进而影响产权交易目的和交易成本①。白彦锋（2006）认为，“税收是在法律允许的限度内对私人产权实施的合法侵犯，政府税收收入的过快增长，势必会挤占私人经济部门的资源。”② 刘晔（2009）认为，税收本质上应是国家界定和保护产权的价格。只有产权明确了税收才能明确，只有税收明确了产权才能明确。蔡昌（2013）认为，税收的存在以产权的存在为前提条件，税收必须依附于清晰的产权关系。产权保护是形成合法征税权的先决条件，税收边界取决于产权的存在性及产权边界的范围③。刘尚希（2015）认为，产权是从所有权分化出来的，产权不看重拥有、占有，而着重其通过交易而能带来利益或收益。

（2）产权性质与税收负担的相关性

国内大多数学者认为国有股权是影响我国上市公司实际税负的重要因素，其中政府干预程度、不同股权性质企业的避税动机强弱、税收优惠多寡等因素是导致不同所有制企业实际税负差异的主要原因。曹书军、张婉君（2008）研究发现，上市公司第一大股东持股比例与公司实际税负显著正相关；吴联生（2009）研究发现，公司内国有股权所占比例越高，其实际所得税税率也越高。吕伟（2010）研究发现，相对于国企而言，受政府干预较少的民企会选

① 朱庆民．产权制度与税制改革的相关性分析．税务研究，1998（12）．

② 白彦锋．当前税收收入快速增长的宪法背景思考．中国财经信息资料，2006（23）．

③ 蔡昌．构建产权型税收体系——基于产权保护与税收立法权的回归的思考．税务研究，2012（6）．

择更为激进的避税行为，其实际税率相对更低；覃雪梅（2011）研究发现，国有控股上市公司所得税实际税负率显著高于非国有控股上市公司，且随着股权集中度的提高，企业所得税实际税负呈先下降后上升的 U 形变动趋势；龙文滨、周茜（2012）研究发现，公司股权结构与实际税负之间不存在简单的线性关系，它同时受政府控制方式和持股比例的双重影响。

国有企业和民营企业因避税动机不同而导致其避税行为存在差异。对国有企业而言，政府既是其产权所有者又是其税收的受益者，因而其税收与利润的最终受益者都是国家，而从本质上讲利润与税收对政府没有区别，都是国家财富的增加，因此，国有企业避税动机不足（王跃堂等，2010）；郑红霞、韩梅芳（2008）研究发现，国有企业的税收筹划行为保守，而民营企业的避税动机强烈，避税方式更灵活，避税行为更激进。

（3）产权性质与企业绩效的相关性

吴风来（2003）[①] 认为，民营上市公司要比国有上市公司财务绩效高。产权归属越明晰，公司财务绩效越高，即产权性质是影响企业财务绩效的重要因素。徐莉萍等（2006）[②] 认为，国有产权行使权利主体的不同会对企业绩效产生明显不同的影响，国企控股的上市公司的经营绩效比国有资产管理机构控股的上市公司更好，中央直属国企控股的上市公司经营绩效比地方国企控股的上市公司更好。董梅生（2011）[③] 利用 2002～2009 年 518 家上市公司（分为 16 个竞争性行业）的数据进行实证研究发现，国有上市公司与民营上市公司竞争环境基本相同，国有企业和民营企业无论是在财务效率，还是在技术效率上，都不存在显著差异。

---

① 吴风来．产权所有制性质与企业绩效实证研究．经济科学，2003（3）．

② 徐莉萍，辛宇，陈工孟．股权集中度和股权制衡及其对公司经营绩效的影响．经济研究，2006（1）．

③ 董梅生，洪功翔．国有与民营上市公司效率比较的实证研究．马克思主义研究，2011（9）．

5.2.3 实证研究

（1）前提假设

假设 1：国有企业的税收负担高于民营企业。

国有企业与民营企业由于委托—代理关系不同导致其税收激进性和税收筹划意愿不同，政府干预程度不同导致企业履行社会责任情况不同。因此，国有企业的税收负担可能高于民营企业。

假设 2：国有企业的财务绩效低于民营企业。

国有企业存在着繁复冗长的多重委托—代理关系，不仅导致其治理效率低下，还承担着繁重的社会责任，从而对其财务绩效形成负面影响。

假设 3：税收负担与企业财务绩效呈负相关性。

一方面，税收负担能够直接对利润表与现金流量表产生影响，引起企业净利润和现金流量的变动，直接影响企业的财务绩效；另一方面，税收政策与会计政策的差异性又对企业的税务处理与会计处理产生影响，间接影响企业的财务绩效。

（2）样本选择及数据来源

在选取样本数据期间时，考虑到 2014 ~ 2016 年间我国实施供给侧结构性改革，一些上市公司的经营范围、经营模式和运作方式较 2014 年之前年度有较大变化，其税收负担和企业财务绩效均发生重大变化。因此，本研究以 2008 年《企业所得税法》实施后我国资本市场 A 股上市公司 2008 ~ 2013 年 6 年间的数据为研究样本，这 6 年间上市公司所处的经营环境相对稳定，样本数据能够真实反映不同产权性质企业的税收负担和财务绩效的真实面貌。按照实际控制人类型不同样本企业被划分为国有企业与民营企业，具体分类标准如下：国有上市公司包括由国资委、国家机关单位以及国有集团公司独资成立或控股的企业（国有持股比例高于 30% 的企业列为国有控股企业）；民营上市公司包括由自然人或民营集团公司实际控制

的企业。

我们利用 WIND 数据库获得所需样本企业的财务数据，利用网络搜集到部分缺失的数据。为减少研究误差，我们对样本企业做了如下剔除：

①在 6 年中出现退市的上市公司，将其剔除；

②金融类上市公司的财务报表具有特殊性，将其剔除；

③新上市的公司样本数据不具有连续性，将其剔除；

④出现 ETR < 0 或 ETR > 1，样本公司的数据较为特殊，将其剔除；

⑤对最终控制人无法确定的上市公司（如外资控股的上市公司）进行剔除。

实施上述样本筛选后，最终得到的样本范围是国有上市公司 546 家，民营上市公司 849 家。

（3）变量选取

本研究涉及的变量描述及定义如表 5－2 所示。

表 5－2　　变量描述及定义

变量类别	变量名	变量符号	变量定义
核心变量	财务绩效	EPS	每股净利润＝净利润/普通股股数
		ROE	净资产收益率＝税后利润/净资产
		NCFPS	每股经营活动现金净流量＝经营活动现金净流量/期末普通股股数
	税收负担	ETR	所得税费用/利润总额
	产权性质	Property	国有企业为 0，民营企业为 1
控制变量	公司规模	SIZE	总资产的对数
	财务杠杆	LEV	资产负债率＝负债总额/资产总额
	资产密集度	CINT	年末固定资产净值/总资产
	存货密集度	IINT	年末存货/总资产
	行业	IND	当处于该行业时为 1，否则为 0

①产权性质（Property）。当上市公司的产权性质为民营企业时，Property 取值为 1；当上市公司的产权性质为国有企业时，Property 取值为 0。

②税收负担。ETR 表示企业实际所得税率，它衡量企业实际所得税负担的大小。关于 ETR 目前有多种不同的计算公式，本书借鉴王延明（2002）的做法，具体公式为：ETR = 所得税费用/利润总额。

③企业财务绩效。根据研究需要，本研究分别选取反映上市公司盈利能力的每股净利润（EPS）、净资产收益率（ROE）、每股经营活动现金净流量（NCFPS）作为衡量企业财务绩效的变量。

本研究的控制变量如下：

①公司规模（SIZE）。本研究选取总资产的对数来衡量公司规模。公司规模大，涉税事项越复杂，其所采取经济业务调整方式进行税收筹划更具有优势，Kim 和 K.，Limpaphayom（1998）的研究证明了这一点，即公司规模越大，企业实际税率（ETR）越低[①]。根据刘芳（2004）[②] 的研究，由于目前我国税务稽查人员有限，规模较大的公司受到税务稽查的概率更大，这在一定程度上增加了大公司的税收筹划风险和进行纳税调整的压力，从而降低了大公司税收筹划的积极性。因此，关于 ETR 与公司规模相关性的研究并未达成一致结论。

②财务杠杆（LEV）。本研究选取资产负债率来衡量财务杠杆效应。在一定范围内资产负债率越高，财务杠杆效应越大，其根源在于债务税盾。王跃堂（2010）[③] 的研究表明，债务税盾会因企业产权性质的不同而产生差异。

---

① Kim，K.，Limpaphayom，P. Taxes and Firm Size in Pacific—Basin Emerging Economics［J］. *Journal of International Accounting*，1998（7）：47－63.

② 刘芳．逃税避税及影响因素的经济分析．［博士学位论文］．华中科技大学．2004：53.

③ 王跃堂．产权性质、债务税盾与资本结构．经济研究，2010（9）．

③资产密集度（CINT）。资产密集度，等于年末固定资产净额占年末资产总额的比例。资产密集度越大，意味着有更多的固定资产可用于加速折旧，从而有利于节税。因此，资产密集度与企业实际所得税率呈负相关性。

④存货密集度（IINT）。存货密集度，等于年末存货净额占年末资产总额的比例。目前关于存货密集度与 ETR 的关系主要有两种观点：一是存货密集度与 ETR 正相关；二是存货密集度与 ETR 并无显著相关性。

⑤行业（IND）。为了控制行业差异因素，本研究在面板数据回归模型中引入控制变量 IND 作为行业虚拟变量。按照证监会行业分类标准，将样本公司的行业类型分为 12 类，并设置相应的虚拟变量。

（4）回归模型

①产权性质对税收负担影响的检验模型。

$$ETR_{it} = \theta_0 + \theta_1 \times Property + \theta_2 \times SIZE_{it} + \theta_3 \times LEV_{it} + \theta_4 \times CINT_{it} + \theta_5 \times IINT_{it} + \theta_6 \times ROE_{it} + \sum_{i=0}^{11} \theta_{7+i} IND_i + \varepsilon$$

其中，ETR_{it} 为被解释变量，Property 为测试变量，$SIZE_{it}$、LEV_{it}、$CINT_{it}$、$IINT_{it}$、ROE_{it}、IND_i为控制变量。

②产权性质对财务绩效影响的检验模型。

$$EPS_{it} = \theta_0 + \theta_1 \times Property + \theta_2 \times SIZE_{it} + \theta_3 \times LEV_{it} + \theta_4 \times CINT_{it} + \theta_5 \times IINT_{it} + \sum_{i=0}^{11} \theta_{6+i} IND_i + \varepsilon$$

$$ROE_{it} = \theta_0 + \theta_1 \times Property + \theta_2 \times SIZE_{it} + \theta_3 \times LEV_{it} + \theta_4 \times CINT_{it} + \theta_5 \times IINT_{it} + \sum_{i=0}^{11} \theta_{6+i} IND_i + \varepsilon$$

$$NCFPS_{it} = \theta_0 + \theta_1 \times Property + \theta_2 \times SIZE_{it} + \theta_3 \times LEV_{it} + \theta_4 \times CINT_{it} + \theta_5 \times IINT_{it} + \sum_{i=0}^{11} \theta_{6+i} IND_i + \varepsilon$$

其中，衡量企业财务绩效的 EPS、ROE、NCFPS 为被解释变量，Property 为测试变量，$SIZE_{it}$、LEV_{it}、$CINT_{it}$、$IINT_{it}$、IND_i 为控制变量。

③税收负担对财务绩效影响的检验模型。

$$EPS_{it} = \theta_0 + \theta_1 \times Property + \theta_2 \times SIZE_{it} + \theta_3 \times LEV_{it} + \theta_4 \times CINT_{it} + \theta_5 \times IINT_{it} + \theta_6 \times ETR_{it} + \sum_{i=0}^{11} \theta_{7+i} IND_i + \varepsilon$$

$$ROE = \theta_0 + \theta_1 \times Property + \theta_2 \times SIZE_{it} + \theta_3 \times LEV_{it} + \theta_4 \times CINT_{it} + \theta_5 \times IINT_{it} + \theta_6 \times ETR_{it} + \sum_{i=0}^{11} \theta_{7+i} IND_i + \varepsilon$$

$$NCFPS_{it} = \theta_0 + \theta_1 \times Property + \theta_2 \times SIZE_{it} + \theta_3 \times LEV_{it} + \theta_4 \times CINT_{it} + \theta_5 \times IINT_{it} + \theta_6 \times ETR_{it} + \sum_{i=0}^{11} \theta_{7+i} IND_i + \varepsilon$$

其中，衡量企业财务绩效的 EPS、ROE、NCFPS 为被解释变量，Property、ETR_{it}为测试变量，$SIZE_{it}$、LEV_{it}、$CINT_{it}$、$IINT_{it}$、IND_i为控制变量。

（5）统计性描述

①变量的统计性描述。

国有上市公司和民营上市公司的各变量指标的统计性描述如表 5－3 所示，根据显示的数据可知：其一，就国有与民营上市公司比较来说，国有上市公司的实际所得税率的平均值为 21.03%，而民营上市公司的实际所得税率的平均值为 17.03%，且前者比后者高出 3 个百分点，两者都低于法定税率 25%；其二，国有上市公司的公司规模（SIZE）和财务杠杆（LEV）都显著高于民营上市公司；其三，民营上市公司的净资产收益率高于国有上市公司[①]。

① 这里仅从各变量的均值角度进行比较，变量的最大值、最小值的比较见表 5－3。

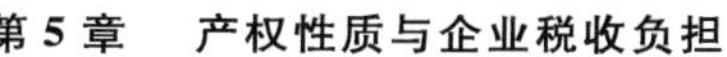

表 5－3　变量的统计性描述

	国有上市公司			民营上市公司		
	最大值	最小值	均值	最大值	最小值	均值
ETR（%）	94.82	0.01	21.03	88.20	0.01	17.03
SIZE	28.48	18.68	22.35	25.30	17.19	20.94
LEV（%）	262.70	1.03	49.69	184.30	0.71	37.71
CINT（%）	72.30	0.09	24.52	93.82	0.09	28.37
IINT（%）	85.53	0.00	18.23	87.56	0.06	19.23
ROE（%）	86.42	－9.35	12.20	1646.54	－2.23	17.69
EPS	4.02	0.00	0.45	14.58	－0.13	0.48
NCFPS	7.99	－6.51	0.45	25.40	－11.20	0.60

数据来源：WIND 数据库，由 Stata12.0 输出结果整理。

②ETR 分年度趋势比较。

从表 5－4 及图 5－9 可知，国有上市公司的实际所得税率从 2008～2013 年呈逐年上升态势，从 20% 逐渐接近 24%，民营上市公司的实际所得税率在这 6 年间也呈逐年上升态势，但其起点较低，从 16% 逐渐上升至 19%。6 年间，民营上市公司的实际所得税率一直低于国有上市公司，差距基本保持在 3～4 个百分点。

表 5－4　不同产权性质企业实际所得税率年度比较

ETR（%）	2008 年	2009 年	2010 年	2011 年	2012 年	2013 年
国有	20.2501	19.9833	19.8132	20.9764	21.7524	23.405
民营	16.1046	16.1334	16.3573	17.0755	17.9986	18.5068
总体	18.1773	18.0584	18.0852	19.026	19.8755	20.9559

数据来源：WIND 数据库，由 Stata12.0 输出结果整理。

（6）实证结果

①产权性质对税收负担影响的实证结果。

由表 5－5 可知，变量 Property 的系数估计值为负，说明国有上市公司的实际所得税率高于民营上市公司，假设 1 得到验证。

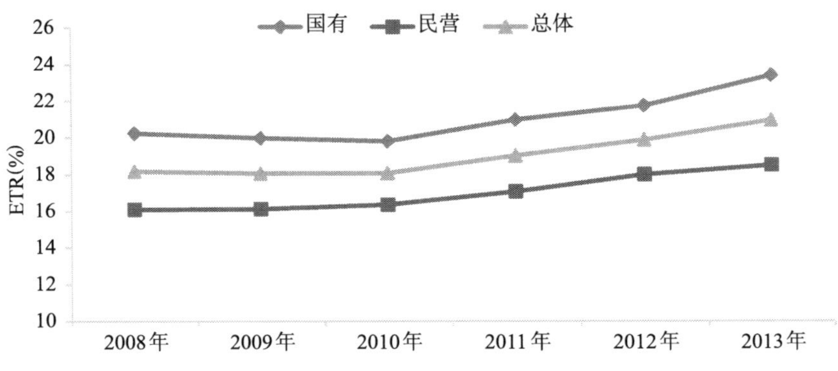

图 5－9　不同产权性质企业 ETR 年度变化趋势

表 5－5　　产权性质与税收负担的回归结果

被解释变量	ETR			
解释变量	系数估计值	t 统计值	P 值	5%置信水平的 t 临界值
Property	－1.269	－2.09	0.047	1.96
SIZE	－1.241	－6.95	0.000	1.96
LEV	0.132	10.29	0.000	1.96
CINT	－2.726	－2.16	0.030	1.96
IINT	5.444	3.42	0.001	1.96
ROE	－0.322	－17.76	0.000	1.96
R^2修正	0.3251			
样本观测数	8370			

数据来源：WIND 数据库，由 Stata12.0 输出结果整理。

变量 SIZE 的系数估计值为负，表明上市公司规模与实际所得税率之间呈负相关性，这是因为规模较大的公司税收筹划能力较强，且可以运用更多的资源去进行政治游说，因而使其实际所得税率较低。

变量 LEV 的系数估计值为正，表明上市公司的财务杠杆（资产负债率）与实际所得税率之间呈正相关性，这是债务税盾效应的体现，因此实际税率较高的上市公司倾向于举债。

变量 CINT 的系数估计值为负，表明上市公司的资本密集度与实际所得税率之间呈负相关性，这是因为资本密集度越大，意味着

有更多的固定资产可用于加速折旧，从而有利于降低税负率。

变量 IINT 的系数估计值为正，表明上市公司存货密集度与实际所得税率之间呈正相关性，这可能因为资本密集度越高，会导致存货密集度越低。

变量 ROE 的系数估计值为负，表明上市公司净资产收益率与实际所得税率之间呈负相关性。当上市公司盈利能力增加时，其便具有更为强烈的避税动机，会采取多种方法降低税收负担。

②产权性质对企业财务绩效影响的实证结果。

无论是 ROE、EPS 还是 NCFPS 作为被解释变量，在检验产权性质与企业财务绩效关系的三个模型中，Property 的系数估计值都为正，这说明国有上市公司的财务绩效明显低于民营上市公司，通过了假设 2 的检验，表 5 - 6 仅列示出被解释变量为 ROE 的回归结果。

表 5 - 6　　　　产权性质对财务绩效影响的回归结果

被解释变量	ROE			
解释变量	系数估计值	t 统计值	P 值	5% 置信水平的 t 临界值
Property	1.017	1.65	0.099	1.96
SIZE	-0.421	-2.93	0.003	1.96
LEV	0.699	6.77	0.000	1.96
CINT	4.736	4.67	0.000	1.96
IINT	-2.278	-1.78	0.076	1.96
R^2 修正	0.2478			
样本观测数	8370			

数据来源：WIND 数据库，由 Stata12.0 输出结果整理。

变量 SIZE 的系数估计值为负，说明上市公司规模与财务绩效呈负相关性，这是因为上市公司规模越大，内部管理成本越高，企业财务绩效就越低。

变量 LEV 的系数估计值为正，表明上市公司的资产负债率与财务绩效呈正相关性。这一实证结果验证了权衡理论，即在税收成本、代理成本和破产成本的综合作用下，财务绩效越好的公司越倾向于使用较高的财务杠杆。

③税收负担影响企业财务绩效的实证结果。

在验证假设 2 的模型中加入解释变量 ETR，再次进行回归分析，ETR 系数估计值为负，且在 0.01 的水平上显著，这说明税收负担与企业财务绩效呈负相关性，即高额的税收负担会损害上市公司的财务绩效，验证了假设 3。

在加入解释变量 ETR 后，与验证假设 2 的回归结果相比，产权性质 Property 的系数估计值由 1.017 下降至 0.683，拟合优度 R^2 修正值由 0.2478 上升至 0.3443（如表 5－7 所示）。这一变化说明将税收负担作为自变量加入假设 2 产权性质影响企业财务绩效的模型中时，自变量对因变量的解释能力有所提高，而且相较于假设 2 中产权性质对企业财务绩效的回归系数，假设 3 中该系数的回归值有所下降。这两项数据变化证明，税收负担在产权性质对企业财务绩效的影响中起着“桥梁作用”，即产权性质影响税收负担，税收负担影响企业财务绩效，税收负担是产权性质影响企业财务绩效的中间桥梁，即税收负担是产权性质影响企业财务绩效的传导路径之一。

表 5－7　　税收负担影响财务绩效的回归结果

被解释变量	ROE			
解释变量	系数估计值	t 统计值	P 值	5% 置信水平的 t 临界值
Property	0.683	1.11	0.265	1.96
SIZE	－0.668	－4.76	0.000	1.96
LEV	0.093	9.18	0.000	1.96
CINT	3.950	4.00	0.000	1.96
IINT	－0.958	－0.77	0.444	1.96
ETR	－0.198	－17.79	0.000	1.96
R^2 修正	0.3443			
样本观测数	8370			

数据来源：WIND 数据库，由 Stata12.0 输出结果整理。

5.2.4 实证结论及其经济解释

（1）产权性质影响税收负担，国有上市公司的税收负担明显高于民营上市公司

国有上市公司由于其特殊的产权性质，形成复杂的委托—代理关系，造成的信息不对称弱化了国有上市公司的税收筹划意愿，其提升税务管理水平及降低税收负担的愿望并不十分迫切；由于政治关联和政府干预的存在，作为公有制主体的国有上市公司比民营上市公司承担更多的税收成本、公共支出等社会责任，进一步加重了国有上市公司的税收负担。但同时由于政治关联的存在，国有上市公司享受到更多的税收优惠以减轻其实际税负。透过实证结果发现，这两种方向的税收影响综合反映为产权性质对税收负担的负效应，即国有上市公司比民营上市公司承担更重的税收负担。

（2）产权性质影响企业财务绩效，国有上市公司的财务绩效明显低于民营上市公司

产权性质影响财务绩效的路径有两种：一是“政治权力假设”，二是“政治成本假设”。透过实证结果发现，政治成本的影响大于政治权力的影响，综合体现为国有上市公司由于国家所有制所引发的委托—代理关系和预算软约束问题，使其财务绩效明显低于民营上市公司。民营上市公司的委托人和代理人存在密切的利益关联，由此带来的产权激励效应提升了民营上市公司的财务绩效。

（3）税收负担与企业财务绩效呈负相关性，且税收负担发挥着产权性质影响财务绩效的“桥梁作用”

实证结果表明，一方面，税收负担对企业财务绩效具有负相关性影响，即不论国有上市公司还是民营上市公司，其税收负担的降低都会提升企业财务绩效水平。内在的作用机制是企业面对税收政策，会调整其投融资等经济行为以影响其财务绩效，而外在的显性效果是企业实际所得税费用直接作为计算净利润的扣减项，对企业

财务绩效产生直接影响。另一方面，企业财务绩效对税收负担也会产生负相关性影响，通常来说，企业财务绩效越好，比如净资产收益率越高，意味着企业的盈利能力越强，其税收筹划意愿与动机也随之增加，从而会激发企业的税收规避行为，降低其税收负担。同时，本研究还有一项重要发现：产权性质影响税收负担，税收负担影响企业财务绩效，税收负担在中间起到了一定的传导效应，即税收负担在产权性质对企业财务绩效的影响中发挥着“桥梁作用”。

5.3 内外资企业税收负担与企业价值研究①

5.3.1 外商投资企业在中国的发展

(1) 外资进入的区位选择与行业选择

区位选择是跨国公司进行国际投资决策时必须考虑的重要因素。由于各地区的行业结构不同，外资进入时首先选择特定行业厂商较为集中的地区，因为这样就可以获得外部规模经济的好处。

一般认为，在产权实施比较弱的国家，外资投资的份额通常会比较低。而在一个国家中，地区之间的制度性差异、资源差异是造成 FDI 流动的主要原因。制度性差异主要包括税收制度、企业创建难易度、反腐制度、产权保护、司法效率、信息流动和银行保密度、经济和财政政策变动的可预测性等。Daude，Stein（2004）实证检验了以上变量对 FDI 的影响，结果发现产权保护不力、税收制度严苛、政策不可预测性、过度的管制成本、政府承诺缺乏力度都会妨碍 FDI 的流入。

① 本章主要涉及内外资企业税负比较及实证分析，计量模型部分由谭岚岚协助完成。

（2）我国引入外资的目的与税制环境

吸引外资可以促使地方经济结构优化升级，实现经济的飞跃式增长，弥补地区发展的资金不足，帮助政府解决当地就业问题，促进地区经济发展。我国东部沿海城市为了快速实现与国际接轨，地方政府千方百计采取不同的税收激励制度吸引外资。表 5－8 反映了 2010～2014 年外商投资企业注册资本额的变化情况，表 5－9 反映了 2010～2014 年外商投资企业的行业投资额分布情况。

2008 年，我国统一了内外资企业所得税法，彻底取消了针对外资企业的税收优惠政策，使内外资企业竞争处在同一起跑线上。然而，理论上的“统一”并不代表现实中的绝对公平。我国的税收立法权在中央，但中央对地方政府下放实际税收征管权和自由裁量权。地方政府实际掌控了外资企业税收优惠的弹性空间，在税率、减免权等实际管理权方面拥有巨大的操控力。地方政府为了实现最大限度地吸引外资，允许选择税前抵扣认定、公司性质认定、政府返还等多种方式对外资企业提供税收优惠和财政补贴。各地政府之间的税收竞争无形之中成就了外资企业在中国发展的优势地位。

表 5－8　外商投资企业注册资本额　单位：百万美元

地区/时间	2010 年	2011 年	2012 年	2013 年	2014 年
广东	249493	268475	283269	303715	337737
江苏	273899	305009	330138	354282	383934
上海	200919	226232	251092	282305	335956
浙江	106942	117000	127466	140665	152681

数据来源：国家统计局网站。

表 5－9 数据显示，2010～2014 年五年间，制造业、房地产业、批发零售业等行业的外商投资额占据了年度总额的前三甲。分析发现，排名靠前的行业绝大部分属于劳动密集型行业。外资企业之所以选择这些行业投资，一方面是因为我国劳动力成本相对低廉，外资企业可以较低的成本获取同等人力下最大化的产值，另一方面也

是因为这些行业的利税率比较高（乐为、中意，2010）。

表 5－9　外商投资企业的行业投资额分布及比较　单位：百万美元

行　业	2014 年	2013 年	2012 年	2011 年	2010 年	总 额
制造业	968276.44	923868.5	—	854870.62	798200	4290273.68
房地产业	350325.27	312312.72	—	246620.95	217100	1310248.01
租赁和商务服务业	210273.7	165854.01	—	122659.38	104500	692014.8
批发和零售业	133138.21	110897.94	—	74994.95	60400	428718.75

数据来源：国家统计局网站。

吉缅周（2005）选择了广东省的数据实证分析了外资的行业分布情况和地区的行业结构情况，结果显示行业利用外资比重与行业产值占广东省 GDP 的比重，行业实际利用外资比重与行业产值占广东省 GDP 的比重之间都存在明显的正相关性。也就是说，如果一个地区的某个行业占经济中的比重比其他行业大，则该行业占吸收外资额的比重也大。这进一步证实不同行业的区位差异导致外资行业分布差异。行业比重较大的地区，在吸引外资时相应的行业吸收的比重也比较大。因此，从区位选择和行业选择来看，外资企业具有显著的比较优势。

外资企业的进入对内资企业无疑是压力的来源。外资企业往往给予高级技术人员高工资和高福利待遇，从内资企业大量挖人。这样一来，内资企业不仅面临着日益残酷的市场竞争，还承受着高素质人才的流失。因此，内资企业的公司价值受到外资企业的严重冲击。进一步判断，外资企业的公司价值很可能大于内资企业。

5.3.2　实证研究

（1）研究假设

①假设 1：产权性质对企业税负有显著影响。

2008 年“两法合并”之前，秉承着“以市场换技术”的原则，

外资企业享受了低税率和多优惠的“超国民税收待遇”，内外资企业在长时期内保持均衡。税改之后，均衡被打破，内资企业不再受制于高税率和研发成本不得加计扣除的硬性规定，从而与外资企业处在了同一水平线上。然而考虑到这种“超国民税收待遇”会使外资企业具有残留优势，在改革后的一段时间内外资企业的税负将远低于内资企业的税负。同时，外资企业很大程度上要服从母公司的全球经营战略，所以作为集团一员，外资企业具有涵盖规模经济、内部融资、高效一致的组织管理架构等优势。为了避免被东道国课征重税，母公司很容易利用转让定价方式将利润由高税负地区转移到低税负地区，从而降低外资企业的税收负担。另外，从股东、管理者政治关联和税收筹划成本角度分析，外资企业的税收筹划动机更加强烈，税收负担会激发企业实施税收筹划的热情。

根据上述分析，我们得到本研究的第 1 个假设：产权性质对企业税负有显著影响，且外资企业平均税负小于内资企业平均税负。

②假设 2：税收负担与企业价值呈负相关性。

税收负担还会影响企业行为，影响资源的优化配置。税收负担对企业价值造成直接影响，这种影响直接体现在利润表上，影响企业的税后利润和现金流量。根据上述分析，我们得到本研究的第 2 个假设：税收负担与企业价值呈负相关性。

③假设 3：外资企业的企业价值大于内资企业。

内资企业由于地域和固有文化的限制，在技术交流和创新方面具有闭塞性和缓慢性，而外资企业却更为开放，具有前瞻性。由于外资企业资本流动范围是全球流动，因此具有一个全球信息资源平台。区域优势，地方政府竞争给外资企业在中国的发展带来巨大的税收优势。虽然表面上内、外资企业是公平的，但实践中地方政府的实际税收征管权和自由裁量权在一定程度上还是偏向外资企业。从行业选择上看，我国外资企业 90% 流向了制造业、房地产业和批发零售业等劳动密集型产业，外资企业更多地利用了我国相对低廉的劳动力以降低成本，最大化利润。根据以上分析，我们得到本研究的第 3 个假设：外资企业的企业价值大于内资企业。

（2）模型设计

本研究涉及以下三个模型：

模型 1：检验外资企业内部三种类型——外商独资企业、中外合资企业和中外合营企业的税收负担。考虑到中外合资企业、中外合营企业都有内资股份的参与，本研究认为外商独资和外商合作、外商合营模式之间存在税收负担差异，应从此角度进行统计分析和实证研究。

模型 2：检验内资企业内部两种类型——国有企业和民营企业的税收负担。考虑到国有企业和民营企业之间存在着产权性质和税收负担的微妙关系，因此，本研究检验国有企业与民营企业的税收负担差异。

模型 3：检验内外资企业的税收负担差异。模型 3 是在模型 1 和模型 2 的基础上整合而来的，从而验证上述三个研究假设。

（3）数据来源与说明

本研究选取的数据为 WIND 数据库中我国外商独资企业、中外合营企业、中外合资企业的财务数据。现阶段，数据库中统计的我国外资企业有 1199 家，其中外商独资企业 459 家，中外合资企业 438 家，中外合营企业 302 家，如表 5 - 10 所示。虽然我国已逐步放开外资企业在 A 股上市的门槛，但外资企业仍面临严格的上市审核，例如信息披露政策规定，外资企业在 A 股上市必须充分披露外国法律政策变化、关联交易、汇率风险、外国股东信息等，这严重冲击了外资企业母公司的隐蔽性，为母公司的全球战略安排形成障碍。因此，目前在我国经营的外资企业只有 192 家上市企业，1007 家非上市企业，上市企业中也绝大多数是中外合资企业和中外合营企业。由于非上市企业财务数据不对社会公开，因此，实证研究外资企业整体的税收负担具有很大的困难，这也从侧面说明了为什么

迄今为止学术界鲜有针对外资企业税收负担的实证研究。

我们从中国统计局网站、WIND 数据库、国泰安数据库以及税收统计年鉴寻找外资企业的数据，搜集到 562 家企业 2012～2014 年的部分数据，后期利用网络查询部分缺失的数据予以补充，最终筛选出数据完整的 323 家外资企业作为研究样本。

表 5－10　外商投资企业的基本分类（1199 家）　单位：家

类型	企业数量	上市公司	非上市
外商独资企业	459	192	1007
中外合资企业	438		
中外合营企业	302		

考虑到数据的可获得性和可靠性，本研究在选取内资企业样本时采用了大多数国内学者的办法，即选取我国 A 股上市企业的数据。由于上市企业的财报披露比较充分，因此，内资企业财报数据可信度较高。由于模型 3 是内外资企业的比较，为了保持数据的可比性和一致性，模型 3 的数据都选择了企业 2012～2014 年的财务数据。研究内资企业内部分类时，本研究采取规范的实证方法，收集我国上市企业 2009～2014 年企业财报数据。

对模型 1 和模型 2 的数据，本研究做出以下处理：

①对年度数据不完整的公司进行剔除；

②对内资企业新上市公司样本和外资企业 2008 年以后成立的企业进行样本剔除，因为数据不具有连续性；

③因为金融类公司财报具有特殊性，因而剔除数据；剔除 ST 公司；

④剔除了经过计算之后实际税负大于 1 或者水平小于 0 的极端值。

在进行完如上剔除后，模型 1 中外资企业选取样本 323 家，模型 2 中内资企业选入样本国有企业 496 家、民营企业 749 家。

(4) 模型 1 的统计性描述和实证检验

①模型 1 的变量说明和统计性描述，见表 5 - 11 和表 5 - 12。

表 5 - 11　　模型 1 的变量

变量类别	变量名称	变量符号	变量定义
因变量	产权性质	PROP	外商独资为 0/中外合营和中外合资为 1
观测变量	税收负担	ETR	所得税/利润总额
控制变量	是否上市	PUB	未上市为 0/已上市为 1
	公司规模	SIZE	总资产的对数
	财务杠杆	LEV	总负债/总资产
	净资产收益率	ROE	税后利润/净资产
	流动比率	FLR	流动资产/流动负债
虚拟变量	年份	YEAR	年份

为了对外资企业进行分类研究，验证外资的注入比例是否对企业税收负担产生影响，本研究引入产权性质（PROP）这一虚拟变量。根据《中华人民共和国中外合资经营法》和《中华人民共和国中外合营经营法》的规定，我国中外合资企业和中外合营企业外商出资比例均不低于 25%，但没有最高限制。但由于不同的产权性质体现了不同的委托—代理关系，导致税收筹划的风险和意愿不同，本模型将外商独资企业的产权设为 0，中外合资企业和中外合营企业的产权设为 1。

本研究借鉴吴联生（2009）、Lanis 和 Richardson（2011）、Fariz 和 Bonnie（2012）等采用的方法，采用 ETR 作为模型的被解释变量。ETR 反映了企业的实际所得税率，即企业在一定时期内缴纳的所得税金额占同期企业实现的利润总额的比率。

参照 Desai 和 Dharmapala（2006）、金鑫和雷光勇（2011）、魏翥和罗党论（2012）以及王娜和叶玲（2013）等的研究，本模型的控制变量包括虚拟变量是否上市 PUB 和控制变量公司规模 SIZE、财务杠杆 LEV、净资产收益率 ROE、流动比率 FLR 以及年份。

为了消除企业的上市状态对企业实际税负的影响，模型 1 中引入是否上市（PUB）这一虚拟变量。未上市的企业赋值为 0，已上市企业赋值为 1。

关于公司规模对税收负担的影响，现如今仍未达成一致的结论。一种观点（Lanis 和 Richardson，2011）认为，规模较大的公司拥有较好的资源和较自由的空间进行税收筹划；另一种观点认为（Gupta 和 Newberry，1997）税务当局会对规模较大的公司有较多的关注，因此，规模越大的公司税收筹划的风险越大，成本越高。本研究选取年末总资产对数来作为衡量公司规模的指标。

财务杠杆体现为总负债与总资产的比值，也称资产负债率，变现企业资产中的负债所照比例。借助财务杠杆，企业可以较少的资金撬动更多的资本，提高财务的灵活性。因此在安全范围内，负债水平的提高有助于公司业绩的提升。财务杠杆能体现出企业利用负债产生的“债务税盾”来减少税负，因为债务所产生的利息在税前可以扣除。已有研究发现（Gupta 和 Newberry，1997；Lanis 和 Richardson，2011）财务杠杆对税收激进水平有正向影响。

净资产收益率 ROE：该指标表示的是税后利润与年末净资产的比值，代表了公司的获利能力。ROE 越高的企业说明其盈利能力大，投资吸引力强。

流动比率 FLR：流动比率反映了企业流动资产与流动负债的比值。

考虑到宏观经济情况对企业行为的影响，模型中引入年份 YEAR 为虚拟变量。模型 1 中有六年的数据，模型 2 中由于外资企业大多非上市，因此只取得了 3 年的数据。

由表 5 - 12 可知，外商独资企业的实际税收负担均值为 20.89%，略小于中外合资企业和中外合营企业实际税收负担 22.19%，两者均小于法定税率 25%。外商独资企业的平均总资产对数是中外合资和中外合营企业的将近 1 倍。外商独资企业的财务杠杆与中外合资中外合营企业相差不大，但值得注意的是净资产收益率却明显低于中外合资和中外合营企业，说明在净资产一定的情况下，外商独资企业很可能将利润转出并以此规避纳税义务。在流动比率方面，外商独资企业平均流动比率为 1.9，比中外合资和中外合营企业流动比率均值大，说明外商独资企业的资金流动更快，这也很可能受益于海外母公司。

表 5－12　　模型 1 的统计性描述

指 标	外商独资企业			中外合资企业和中外合营企业		
	最大值	最小值	均值	最大值	最小值	均值
ETR（%）	53.214	1.00	20.894	94.671	0.06	22.193
PUB	0	0	0	1	1	1
SIZE	17.55523	0.00001	12.50	17.17839	0.00001	11.24
LEV（%）	104%	26%	61.974%	83.2%	5%	53.384%
ROE（%）	297.751%	－208.208%	10.754%	412.5%	－493.003%	18.253%
FLR	6	0	1.9009	9	0	1.53298

②模型 1 的回归检验

$$ETR = \beta_0 + \beta_1 \times PROP + \beta_2 \times PUB + \beta_3 \times SIZE + \beta_4 \times LEV + \beta_5 \times ROE + \beta_6 \times FLR + \varepsilon$$

通过 STATA 对外资企业数据进行回归分析，得出结果如表 5－13 所示。

PREP 系数估计值为负，但 P 值为 0.479。外资企业内部分类的 PREP 对税收负担 ETR 影响不显著，虽然通过统计数据得出外商独资企业的平均所得税率比中外合资企业和中外合营企业要低，但实证研究表明，外资企业内部分类对企业税收负担的影响并不大。

PUB 的系数估计值为正，并且在 5% 的置信水平上显著。这说明上市企业比非上市企业的税收负担大，上市对企业的税收负担有反向影响。这可能是因为企业上市后，需要披露财务报表等企业信息，财务透明度较高，使得税收筹划空间受到压缩。另外上市企业

要受到社会的监督，这对企业进行税收筹划也起到了抑制作用。

表 5－13　　外资企业不同分类的回归结果

被解释变量	ETR			
解释变量	β 估计值	t 统计值	P 值	5% 置信水平的 t 临界值
PROP	－0.0117457	－0.71	0.479	1.96
PUB	0.334053	2.03	0.042	1.96
SIZE	－0.182178	5.66	0.000	1.96
LEV	0.143532	0.65	0.518	1.96
ROE	－0.001234	－0.53	0.598	1.96
FLR	0.0000351	0.09	0.928	1.96
R^2 修正	0.0089			
样本观测数	969			

SIZE 的系数估计值为负，并且在 5% 置信水平上显著。这说明企业规模与实际税负率成负相关性。企业规模越大，实际税负率越低，这可能是由于大规模的企业拥有纯熟的组织架构和经营模式，并且有专业人员进行经营模式的监管和税收筹划。

LEV 和 ROE、FLR 的 P 值显示不显著，说明在外资企业内部的三类企业中，这三者与企业实际税负率并无直接关系。

（5）模型 2 的统计性描述和回归检验

①变量与统计性描述，见表 5－14 和表 5－15。

表 5－14　　模型 2 的变量

变量类别	变量名称	变量符号	变量定义
因变量	产权性质	PROP	国有企业为1/民营企业为 0
观测变量	税收负担	ETR	所得税/利润总额
	公司规模	SIZE	总资产的对数
	财务杠杆	LEV	总负债/总资产
	净资产收益率	ROE	税后利润/净资产
	流动比率	FLR	流动资产/流动负债
虚拟变量	年份	YEAR	属于时取 1/否则为 0

模型2在模型1的基础上将虚拟变量产权性质PROP的取值定位为国有企业取值为1，民营企业取值为0。由于模型2的样本数据均来自上市企业，故去除虚拟变量是否上市PUB。

表5－15　模型2的统计性描述

指标	国有企业			民营企业		
	最大值	最小值	均值	最大值	最小值	均值
ETR（%）	94.82	0.01	21.24	88.20	0.01	17.58
SIZE	28.48	18.58	22.45	26.30	17.11	20.94
LEV（%）	262.70	2.03	49.77	185.30	0.71	37.71
ROE（%）	86.42	－9.35	12.20	1646.54	－2.23	17.69
FLR	36.69	0	1.59	144	0	4.18
YEAR	2014	2008	2011	2014	2008	2011

根据模型2的统计数据来看，内资企业内部国有企业的平均税负率达到21.24%，高出民营企业4个百分点。上市国有企业从企业规模上和财务杠杆上都比上市民营企业表现的优秀，尤其是平均资产负债率达到49.77%，比民营企业高出12个百分点，充分利用了债务融资的税盾效应，这也可能是因为受政治原因影响，国有企业更容易取得融资。相比国有企业，民营企业在净资产收益率和流动比率方面表现优异，尤其是资金流动比率达到了国有企业的3倍。

②回归检验分析，见表5－16。

$$ETR = \beta_0 + \beta_1 \times PROP + \beta_2 \times SIZE + \beta_3 \times LEV + \beta_4 \times ROE + \beta_5 \times FLR + \varepsilon$$

从模型2的输出结果来看，从内资企业内部分类，国有企业和民营企业不同的产权性质对税收负担有影响，并且影响是显著的。

变量PROP的系数为正，模型中设定当企业性质为民营时，参数取0；性质为国有时，参数取1。这也就说明了国有企业的实际税收负担大于民营企业。

表 5 - 16　内资企业不同分类的回归结果

被解释变量	ETR			
解释变量	β 估计值	t 统计值	P 值	5% 置信水平的 t 临界值
PROP	1. 107	-2. 09	0. 047	1. 96
SIZE	1. 241	-6. 95	0. 000	1. 96
LEV	0. 132	10. 29	0. 000	1. 96
ROE	-0. 322	-17. 76	0. 000	1. 96
FLR	0. 0001	2. 02	0. 372	1. 96
R^2 修正	0. 3251			
样本观测数	6856			

数据来源：WIND 数据库，由 Stata12. 0 输出结果整理。

变量 SIZE 的系数为负，并且同时在 5% 的置信水平上显著，这说明企业的规模越大，实际税率越低，这可能是由多种原因造成的。规模越大的企业在组织架构和业务来往上往往越复杂，税收筹划的意愿和能力越强。

样本表明，LEV 的系数为正且显著，这与本研究的预测相悖。笔者认为，资产负债率作为衡量企业盈利水平的一个常用指标主要是负债表现出较好的“税盾效应”，因此可以降低企业的实际税率。但反向分析，当企业的实际税率较高时，企业也希望利用利息的税前扣除来降低税负，因此企业举债的意愿会更高。

衡量企业盈利能力的变量 ROE 系数为负，说明企业的实际所得税率与企业净资产收益率呈负相关性。低企业税负率意味着更强的企业盈利能力，高税负率将企业的盈利更多地转化成了税负。

变量 FLR 在 5% 的置信水平上并不显著，这说明资金流动速率与企业实际税收负担之间并无直接因果关系。在模型 1 中体现出了 FLR 与 ETR 的不相关性。

（6）模型 3 的统计性描述和回归检验分析

①变量与统计性描述，见表 5 - 17 和表 5 - 18。

表 5 - 17 模型三的变量

变量类别	变量名称	变量符号	变量定义
核心变量	产权性质	PROP	外资为 0/内资为 1
	税收负担	ETR	所得税/利润总额
	企业价值	ROE	税后利润/净资产
		FLR	流动资产/流动负债
控制变量	公司规模	SIZE	总资产的对数值
	财务杠杆	LEV	总负债/总资产
	是否上市	PUB	未上市为 0/已上市为 1

在将产权性质分类为内资和外资时，为了保持数据的一致性和可比性，模型 3 在模型 1 和模型 2 的基础上选择了产权性质、税收负担、企业价值为核心变量，控制变量取公司规模、财务杠杆、是否上市。

表 5 - 18 模型三统计性描述

指标	外资企业			内资企业		
	最大值	最小值	均值	最大值	最小值	均值
ETR（%）	96.54	0.0001	23.30916	94.82	0.01	18.60
SIZE	17.7809	0.01	12.50303	28.48	17.19	21.50
LEV（%）	83.2	5	55.11558	262.7	0.71	42.50
ROE（%）	412.5	-683.09	18.16	1646.54	-9.35	15.49
FLR	239	0	2.121775	144	0	3.14

表 5 - 18 根据 STATA 数据得出结果显示，外资企业的平均所得税实际税负为 23.31%，内资企业的平均实际所得税税负为 18.60%，两者均小于 25% 的法定税率。内资企业的平均规模为 21.5，远大于外资企业 12.50，这就说明一般情况下企业规模越大，实际税负率越低。同时，内资企业的流动比率也大于外资企业。外资企业的规模远远小于内资企业，却表现除了较好的财务杠杆效应，本研究认为外资企业背后的母公司对此起了一定的作用。

5.3.3　实证研究与解释

本研究针对模型 3 做出三个回归分析，分别是产权性质对企业税收负担的关系；税收负担与企业价值的关系；产权性质与企业税收负担的关系。

（1）产权性质对企业税收负担的回归

$ETR = \beta_0 + \beta_1 \times PROP + \beta_2 \times PUB + \beta_3 \times SIZE + \beta_4 \times LEV + \beta_5 \times ROE + \beta_6 \times FLR + \varepsilon$

由表 5－19 可知，变量 PROP 的系数估计值为负，在 5% 的置信水平上显著，这说明模型 3 的产权性质差异对企业实际税负有显著的影响。模型 3 中设置当产权属于外资企业时取值为 0，属于内资企业时取值为 1。系数为负说明内资企业的实际税负率小于外资企业。这同时验证了模型 3 的统计数据，外资企业的平均税负率达到 23.31%，而内资企业的平均税负率只有 18.60%。

变量 PUB 的系数估计值为正，并且在 5% 的置信水平上显著。这与模型 1 形成呼应，充分说明了无论是内资企业还是外资企业，企业的实际税负率与其上市状态有关。上市企业由于财务透明度高和税收筹划空间被抑制，承担着比非上市企业更高的实际税负率。

变量 SIZE 的系数估计值为负，在 5% 的置信水平上显著。这说明企业规模与实际所得税税率之间有负相关性。这与模型 1 和模型 2 结论相同。

变量 LEV 的系数估计值为正，在 5% 的置信水平上显著。这说明实际所得税税率高的企业利用“财务杠杆”更加频繁，这可能是因为税负较重的企业为了维持正常的生产活动，必须要采用借款的融资方式，同时产生“债务税盾”效应，税前扣除债务产生的一定费用。

变量 ROE 的系数估计值为负，在 5% 的置信水平上显著。模型 3 同样说明了净资产收益率与企业税基所得税率的负相关性。一般来说，所得税税率越低，企业的税后利润越多，净资产收益率越高。

变量 FLR 在 5% 置信水平上不显著。在模型 1、模型 2 和模型 3 中均未检测出流动速率这一指标对企业实际所得税税率的影响。

表 5－19　　　　内外资企业分类回归结果

被解释变量	ETR			
解释变量	β 估计值	t 统计值	P 值	5% 置信水平的 t 临界值
PROP	－0.0314425	－3.51	0.000	1.96
PUB	0.0229225	1.96	0.050	1.96
SIZE	－0.0108651	7.48	0.000	1.96
LEV	0.0934038	11.41	0.000	1.96
ROE	－0.007752	－3.53	0.000	1.96
FLR	0.0002287	1.12	0.262	1.96
R^2 修正	0.1024			
样本观测数	7825			

（2）税收负担对企业价值的回归

$$ROE = \beta_0 + \beta_1 \times ETR + \beta_2 \times PUB + \beta_3 \times SIZE + \beta_4 \times LEV + \beta_5 \times FLR + \varepsilon$$

从表 5－20 的回归结果来看，解释变量 ETR 的系数估计值为负，在 5% 的置信水平上显著。说明企业实际所得税税率与净资产收益率呈负相关性。净资产收益率反映了企业股东权益的水平，净资产收益率越高说明企业的投资效率越高，企业能给股东带来的税后收益越大，因此投资者在选择投资方向的时候很大一部分都是直接参考 ROE 指标，ROE 指标代表了企业获得净收益的能力。ETR 与 ROE 负相关说明企业的实际所得税税率越低，企业价值越大，反之亦然。

模型中其他的控制变量表现出于模型 1 和模型 2 一样的相关性：其中上市状态、企业规模、财务杠杆都表现出显著的相关性，FLR 仍表现为 P 值不显著。

表 5-20　税收负担对企业价值的回归结果

被解释变量	ROE			
解释变量	β 估计值	t 统计值	P 值	5% 置信水平的 t 临界值
ETR	-0.2058032	-3.76	0.000	1.96
PUB	0.0411658	1.31	0.191	1.96
SIZE	-0.033695	-5.91	0.000	1.96
LEV	0.2339709	6.58	0.000	1.96
FLR	0.0000693	0.07	0.947	1.96
R^2 修正	0.2162			
样本观测数	7825			

（3）产权性质对企业价值的回归

$$ROE = \beta_0 + \beta_1 \times PROP + \beta_2 \times ETR + \beta_3 \times PUB + \beta_4 \times SIZE + \beta_5 \times LEV + \beta_6 \times FLR + \varepsilon$$

本回归在模型 3 第二个回归的基础上加入了 PROP 解释变量，再次进行回归，得到的回归结构见表 5-21。对比模型 3 中的上一个回归结果可知，ETR 的系数估计值并没有发生明显的变化。

表 5-21　产权性质对企业价值的回归结果

被解释变量	ROE			
解释变量	β 估计值	t 统计值	P 值	5% 置信水平的 t 临界值
PROP	-0.1514589	-4.27	0.000	1.96
ETR	-0.2058032	-3.76	0.000	1.96
PUB	0.0411658	1.31	0.191	1.96
SIZE	-0.033695	-5.91	0.000	1.96
LEV	0.2339709	6.58	0.000	1.96
FLR	0.0000693	0.07	0.947	1.96
R^2 修正	0.3704			
样本观测数	7825			

产权性质 PROP 与 ROE 之间呈负相关性，系数估计值为负并且在 5% 的置信水平上显著。模型 3 规定了当产权性质为外资企业时 PROP 取值为 0，PROP 为内资企业时取值为 1，系数估计值为负说

明内资企业的净资产收益率较外资企业的低。ROE 为净资产收益率，代表企业的盈利能力。这可能是因为外资企业投资质量较高，资金聚集行业利润率较高。

企业规模变量 SIZE 的系数估计值为负，在5%的置信水平上显著。这说明企业规模越大，净资产收益率越低。这可能是由于企业规模大造成的企业内部部门繁杂，企业成本较高。在收入一定的条件下，企业的成本越高就表现为税后收益率越低。

资产负债率 LEV 对 ROE 回归的变量系数为正，并且在5%置信水平上显著，这表示两者呈正相关性，企业资产负债率越大，净资产收益率也就越高。从企业的角度来看，资产负债率越高意味着企业利用的外来资金越多，企业利用举债可以扩大生产规模，提升企业的资金流和发展活力。只要保证全部资本的利润率能够超过举债的利息率，企业就会有利可图而偏向于更大的负债比例。所以，企业的目的是以尽可能低的利率借到更多的资金，同时使总资产利润率保持在相对较高的水平，这样企业就可以最大化地获得两者之间的差额作为企业自身的利润。

流动比率 FLR 对 ROE 在5%置信水平上并不显著。模型1和模型2同样说明了此问题。

5.3.4 产权性质与税收负担的实证结论

本研究将实证结论归纳总结如表5-22所示。

表5-22 实证研究结论

回归对象	模型1（外资内部）	模型2（内资内部）	模型3（内外资）
产权性质与税收负担	不显著	显著	显著
	—	国有企业税负 > 民营企业税负	外资企业税负 > 内资企业税负

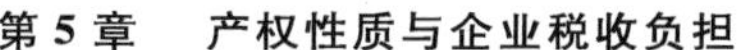

续表

回归对象	模型 1 （外资内部）	模型 2 （内资内部）	模型 3 （内外资）
税收负担与企业价值	显著	显著	显著
	负相关	负相关	负相关
产权性质与企业价值	不显著	显著	显著
	—	国有企业价值 < 民营企业价值	外资企业价值 > 内资企业价值

不同类型的外资企业——外商独资企业、中外合资企业、中外合营企业的税收负担没有显著性差别。不同类型的内资企业——国有企业和民营企业，其产权性质对实际所得税税率产生显著性的影响，国有企业的实际税负率大于民营企业。

国有企业特殊的产权结构、所有权和经营权的实际分离形成复杂的委托—代理链条。由于国有企业高管一般由政府任命，具有政治背景，税收筹划的意愿和激进性远低于民营企业。加之国有企业具有政治背景，需要承担更多的社会责任而又加重了其税收负担。

外资企业的实际所得税负担高于内资企业，这一结论与本研究的假设相反。从税制和税收优惠的角度来讲，外资企业在 2008 年两法合并之后就已经不再享受“超国民”税收待遇，内资企业在获得税收公平地位后表现优异。

外资企业承担着更高的实际税负，但企业价值却高于税负相对较低的内资企业。我们可以用隐性税负来解释这看似矛盾的结论。在显性税率相同的条件下，激烈的国际竞争和自由开放的市场竞价机制会降低对外投资的投资价格，从而提升税前的盈利能力。为什么海外投资会出现隐性税收的问题？隐性税率的出现是由于外国通过给予丰厚的税收利益来鼓励投资，为获得这些税收利益而进行的竞争导致税前收益率下降，从而体现为实际税负的增加。

第6章　中国土地产权与税制改革

产权不是土地持有者与土地之间的关系，而是土地持有者对土地的权利关系，以及土地权利持有者与所有其他人之间的关系。

——门泽尔（Munzer）

6.1　中国土地产权制度变迁的历史启示

6.1.1　土地公有制有其历史必然性

中国自古人多地少，且土地资源禀赋存在极大的区域性差异，中国人民乡土情结浓重，数千年来对土地有着深厚的感情，往往将土地作为生存的依靠、投资的保障、地位的象征。如果实行土地私有制，在私有产权不能得到全面保护的前提下，土地流转必然加剧。由于城镇化尚无法吸纳全部失地农民再就业，社会稳定程度会受到冲击。特别是在界定和保护私有产权成本较高、相应法律体系不完善的情况下，土地投机、土地寻租、土地兼并的现象将频繁发生，土地利用效率必然下降，土地资源有极大可能集中囤积在某一部分人手中，影响整个社会经济发展的公平与效率。

纵观几千年的土地产权制度变迁史，土地公有制经历了“一起一落，再起再落，三起而定”的复杂过程，两次被土地私有制所代替，但新中国成立后土地公有制再一次得到恢复。历史上土地私有

制虽然持续了几百年，但由于鼓励土地兼并，而造成严重的贫富差距，且经常引发农民起义。相比而言，土地公有制能够有效配置土地资源，调动农民的劳动积极性，盘活城市土地市场，提高土地利用效率。因此，中国土地公有制有其历史必然性。在特殊的中国国情下，土地私有制弊端较多，只能被历史所淘汰。

6.1.2　土地产权制度随经济社会环境的变化而不断演变

土地产权制度变迁与各时期的经济社会状况密切相关，经济的发展、人口的变化、战争的发生，都可能影响到土地产权制度的变迁。而土地产权制度的创新，反过来又会进一步影响经济社会发展。

"耕者必有其田""国家必掌其权"是所有制的核心内涵。历史上每个朝代起始都要打破旧有秩序，平衡地权，但往往到最后不能保证后续措施的有效落实和监管。随着经济社会的不断发展变化，土地产权制度在任何一个时代都离不开制度创新与发展，但更应力戒频繁改制，以免造成社会大范围的动荡。因此，在当前新型城镇化和经济转型升级背景下，土地产权制度也应与时俱进，开启土地产权制度的适度改革。

6.1.3　土地私有制不能解决中国农村发展问题

目前，中国存在农村发展问题的根源不在土地公有制。农业分散、小规模经营，土地抛荒、难以合理流转，土地征用和补偿欠合理，部分"三无农民"的出现以及各种涉农腐败问题、农民利益受损等现象的产生，也不是土地没有私有化造成的。这些问题存在的根源在于土地使用、流转、征用、补偿制度有待完善，土地经营管理、户籍制度、就业制度等存在问题。因此，土地产权制度改革的目标在于释放土地价值，深化土地产权制度改革势在必行。

6.2 土地产权理论比较[①]

6.2.1 西方土地产权理论

现代西方产权学派从交易视角研究土地产权，以古典经济学的产权研究成果为基础，引入交易费用概念，将产权制度、市场经济和资源配置效率等的内在机理联系起来，探求在交易成本最低且资源配置效率最高条件下土地产权制度的有效安排。

产权界定是土地入市的前提条件，界定清晰的产权可能出于保障机制的缺失无法落实；而模糊界定的产权因为谈判成本过大导致弱势一方的利益受损。因此，产权界定和产权保障对产权运行同等重要。

产权残缺[②]一般会引起资源低效配置问题。依据科斯定理，在市场经济条件下，当交易成本为零时，土地产权如何界定都不会影响土地资源配置效率；但当交易成本大于零时，初始土地产权制度安排会影响土地资源配置效率，且只有当权利结构调整引起的产值大于调整支付的成本时才会出现新的产权制度安排。

6.2.2 马克思土地产权理论

马克思土地产权理论以劳动价值论为理论基础，主要围绕地租理论展开。马克思从生产角度研究土地产权，认为土地产权本质上是所有制下特有的法权关系，是包含土地所有权及衍生的土地使用权、土地占有权、土地收益权等法的权利集合。各项权能既能高度

---

① 本部分初稿由韩金标参与完成。

② 产权残缺的基本含义是产权的某项或多项权能受到限制或禁止。

统一由单个主体享有，也能相互分离成为多个主体行使，由此形成不同的产权结构。各项权能的结合或分离，取决于土地产权能否在经济上得以实现，并形成新的经济关系。马克思土地产权理论从生产力与生产关系的密切联系角度展开分析，结合商品价值论以及剩余价值学说，更侧重于维护生产者的利益，以及社会生产力水平的提高。

单纯法律意义上的土地产权，无法实现经济意义上的价值；随着商品经济的不断发展，土地产权各项权能分离并作为特殊商品，土地产权主体通过土地所有权买卖或使用权出租方式，凭借其拥有的土地产权获取剩余价值的转换形式。马克思土地产权理论为中国土地制度构建奠定了坚实的基础。

6.2.3　中国土地产权理论

土地产权是指以土地作为财产客体的各种权利的总和，包括土地所有权、土地使用权、土地收益权、土地处置权和土地抵押权等。[①] 土地产权就是关于土地这种财产（地产）的一切权利的总和。土地所有权、使用权、收益权、处分权等都自然而然地是土地产权的组成部分。[②]

土地产权是以土地所有权为核心的一系列土地财产权利所组成的权利束或权利体系，这个权利体系中的各项权利可以分离，并由不同主体占有。中国的土地产权制度是比较特殊的，城乡之间、各不同类型土地之间都具有不同的特征，而且土地产权可能分离于各主体之间，往往具有制衡关系，导致中国土地产权归属不够明晰，造成土地资源利用效率不高、适用不合规、不合理等问题的存在。

中西方的土地产权理论存在显著不同，本质上是由于各国土地

---

① 吴次芳，谭荣，靳相木．中国土地产权制度的性质和改革路径分析．浙江大学学报（社会科学版），2010（6）．

② 周诚．土地经济学．北京：商务印书馆，2003：56－58.

制度的差异造成的。西方国家普遍实行土地私有制，因此土地产权是完整的，西方土地产权理论侧重于从保护私人财产权角度展开；而中国实行土地公有制，土地产权存在一定的残缺性，但中国并不过分强调土地的所有权，而是更多关注土地使用权和收益权的实现过程。中国土地产权理论综合了西方土地产权理论和马克思土地产权理论，并同中国具体国情相结合，为中国的土地产权制度发展提供理论支持。

6.3 中国土地产权制度的特征

6.3.1 土地所有权制度

(1) 中国的基本土地制度

中国土地实行社会主义公有制，城市土地实行国家所有制，农村土地实行集体所有制，并实行所有权证管理。

《中华人民共和国宪法》(2018 年修订) 第九条规定：“矿藏、水流、森林、山岭、草原、荒地、滩涂等自然资源，都属于国家所有，即全民所有；由法律规定属于集体所有的森林和山岭、草原、荒地、滩涂除外。”《宪法》第十条规定：“城市的土地属于国家所有。农村和城市郊区的土地，除由法律规定属于国家所有的以外，属于集体所有；宅基地和自留地、自留山，也属于集体所有。”

《土地管理法》(2004 年修订) 第一章第二条规定：“中华人民共和国实行土地的社会主义公有制，即全民所有制和劳动群众集体所有制。全民所有，即国家所有土地的所有权由国务院代表国家行使。”《土地管理法》第二章第八条规定：“城市市区的土地属于国家所有。农村和城市郊区的土地，除由法律规定属于国家所有的以外，属于农民集体所有；宅基地和自留地、自留山，属于农民集体

所有。"《土地管理法》第十条规定："农民集体所有的土地依法属于村农民集体所有的，由村集体经济组织或者村民委员会经营、管理；已经分别属于村内两个以上农村集体经济组织的农民集体所有的，由村内各该农村集体经济组织或者村民小组经营、管理；已经属于乡（镇）农民集体所有的，由乡（镇）农村集体经济组织经营、管理。"《土地管理法》第十一条规定："农民集体所有的土地，由县级人民政府登记造册，核发证书，确认所有权。农民集体所有的土地依法用于非农业建设的，由县级人民政府登记造册，核发证书，确认建设用地使用权。""单位和个人依法使用的国有土地，由县级以上人民政府登记造册，核发证书，确认使用权；其中，中央国家机关使用的国有土地的具体登记发证机关，由国务院确定。"

（2）中国土地使用权制度

土地公有制下，土地的所有权和使用权存在一定程度的分离。国家对土地使用实行严格的管控和管理。单位和个人可以依法有偿获得土地使用权，国家对土地使用权实行"土地使用权证"管理制度，土地使用权可以依法转让。政府征用或者征收土地的使用权可以依法获得补偿。

《中华人民共和国宪法》（2018 年修订）第十条规定："国家为了公共利益的需要，可以依照法律规定对土地实行征收或者征用并给予补偿。任何组织或者个人不得侵占、买卖或者以其他形式非法转让土地。土地的使用权可以依照法律的规定转让。"

《土地管理法》（2004 年修订）第一章第二条规定："土地使用权可以依法转让。""国家为了公共利益的需要，可以依法对土地实行征收或者征用并给予补偿。国家依法实行国有土地有偿使用制度。但是，国家在法律规定的范围内划拨国有土地使用权的除外。"《土地管理法》第四条规定："国家实行土地用途管制制度。国家编制土地利用总体规划，规定土地用途，将土地分为农用地、建设用地和未利用地。严格限制农用地转为建设用地，控制建设用地总量，对耕地实行特殊保护……使用土地的单位和个人必须严格按照土地利用总体规划确定的用途使用土地。”

《土地管理法》第二章第九条规定：“国有土地和农民集体所有的土地，可以依法确定给单位或者个人使用。使用土地的单位和个人，有保护、管理和合理利用土地的义务。”《土地管理法》第十一条规定：“农民集体所有的土地依法用于非农业建设的，由县级人民政府登记造册，核发证书，确认建设用地使用权。”

根据中国的土地制度，集体建设用地属于农民集体所有，但是在现实中其流转、收益等各项土地权利一直都受到限制。近年来，随着我国市场经济的不断发展和农村经济制度的不断改善，原先的集体建设用地制度越来越不能适应经济发展的需要。党的十七届三中全会明确提出“要逐步建立城乡统一的建设用地市场”；党的十八届三中全会进一步提出“应建立城乡统一的建设用地市场，在符合规划和用途管制前提下，允许农村集体经营性建设用地出让、租赁、入股，实行与国有土地同等入市、同权同价”；2014 年 12 月，国土资源部批复北京大兴等 33 个地区试点农村集体经营性建设用地进入市场进行交易；2015 年 1 月，中共中央办公厅和国务院办公厅联合下发《关于农村止地征收，集体经营性建设用地入市，宅基地制度改革试点工作的意见》并决定在全国选取 30 个左右县（市、区）行政区域进行试点；2015 年 7 月，国家将佛山市南海区等 33 个地区纳入土地制度改革试点，允许存量农村集体经营性建设用地使用权出让、租赁、入股，实行与国有建设用地使用权同等入市、同权同价；2016 年 5 月，财政部、国土资源部联合印发《农村集体经营性建设用地土地增值收益调节金征收使用管理暂行办法》，要求入市试点地区征收土地增值收益调节金；2017 年 8 月 28 日，国土资源部、住房城乡建设部关于印发《利用集体建设用地建设租赁住房试点方案》，在 13 个城市开展利用集体建设用地建设租赁住房试点；2018 年 2 月 5 日，中央一号文件《中共中央国务院关于实施

乡村振兴战略的意见》指出要在系统总结农村土地征收、集体经营性建设用地入市、宅基地制度改革试点经验的基础上，逐步扩大试点，加快土地管理法修改，完善农村土地利用管理政策体系，扎实推进房地一体的农村集体建设用地和宅基地使用权确权登记颁证。综上所述，对于农村集体建设用地，国家政策呈现出越来越开放的形势，使其越来越具有像国有土地那样的“功能”。

6.3.2　中国农村集体土地产权制度分析

（1）中国农村集体土地产权制度的变迁

自 20 世纪 50 年代以来，中国农村集体土地所有权的实现形式经历了以下三个阶段的变迁。①

第一阶段是农民集体土地所有权形成至家庭联产承包责任制正式确立。这一时期，农民个体以集体组织内劳动者的身份在集体组织统一分配和安排下经营土地，但不对土地享有任何直接的权利，土地经营收益以“工分制”的形式实行所谓的“按劳分配”。这一时期农民集体土地所有权的权能在国家和集体组织之间分割和配置，农民个体作为集体组织的成员在权能配置中被正式的制度安排所忽视；农民集体土地所有权实现的主要形式是集体组织统一管理、经营集体土地，统一分配集体收益。

第二阶段是家庭联产承包责任制的全面推行到以家庭承包经营为基础的双层经营体制的确立。这一时期，农民个体开始享有土地的使用权能和收益权能，但此时的“承包经营权”更多地表现为一种债权性质的权利。国家的公权力开始从土地配置权中退出，集体土地所有权中的处分权能部分被还给集体组织，土地的实际占有、收益权能开始由集体成员享有。农民集体土地所有权权能的分割采

① 黄河，李军波．试论农民集体土地所有权的本质、内容及其实现形式．中国土地科学，2008（5）．

取“承包责任制”的经营方式，分割后的基本权能由承包合同加以约定。虽然集体成员已经享有土地所有权分割后的使用权和收益权，但这种权利仅为债权性质的权利，权利的行使必须受集体组织管理权的制约，即集体成员取得的收益必须首先保证上缴集体提留部分的数量，且使用权受集体组织统一管理，并不享有完全的经营自主权。

第三阶段是以《农村土地承包法》正式颁布直到今天。这一阶段，集体成员对土地享受充分的支配权和收益权带来的诸多利益，并最终在 2007 年颁行的《物权法》中将“农村土地承包经营权”明确为用益物权。这一阶段，农民集体土地所有权中各权能的配置呈现出二元性：一元是农村集体土地所有权各权能经“质的分割”后，在农民集体组织及其成员之间配置，成员之间依公平原则分配权利；另一元是农村集体土地所有权中使用权、收益权等个别权能由农民集体组织为其成员或非成员的个体、组织依效率原则设定用益物权或债权。在这一阶段，新型的农村土地承包经营权诞生了，各地根据土地资源的多寡，或者根据集体组织中人口数量或者劳动力数量公平承包土地。农村集体土地所有权中的管理权和处置权仍由集体组织享有，农民个体只能享有部分的土地使用权和收益权。

（2）农村土地所有权的权能结构分析

农村集体土地所有权正式形成至今，集体土地权能的实现主要表现为农民个体的土地使用权权能不断细分与扩展。

农村集体土地所有权权能，是指农村集体土地所有权所含利益借以实现的方式。根据《中华人民共和国宪法》《土地管理法》《物权法》等法律规定，结合农村集体土地所有权的运行状况，农村集体土地具有占有权、使用权、收益权和处置权等四项基本权能形式。

①农村集体土地所有权的占有权能是指所有人实际掌握、控制物的权能。根据相关法律规定，集体土地的实际占有可以由农民集

体组织直接占有，也可以由法律规定在集体土地所有权上依法设定其他权利后，允许享有土地承包经营权和债权的相关权利人间接占有。集体土地所有权的间接占有，实际上就是将土地的占有权转让给他人。

②农村集体土地所有权的使用权能是指所有人按照物的性能和用途对物加以利用，以满足生产生活需要的权利。使用权能是所有权的最重要的权能之一，它的实现程度决定着所有权的效益度。农村集体土地所有权中的使用权能既可以通过他物权的使用来实现，也可以作为非物权性质的使用来实现，如租赁等。在市场经济条件下，土地的有效使用需要经由市场机制来进行配置使用。

③农村集体土地的收益权能是指依法享有农村土地上经营所产生的利益。从具体的收益种类看，收益包括土地上的天然“孳息”和法定“孳息”两大类型。天然“孳息”指的是土地自然产出的物质收益。法定“孳息”指的是在集体土地所有权上依法设定其他权利（如集体土地出租、发包等）产生的收益，既可以是实物，也可以是货币，还包括集体土地在被征收、征用后获得的补偿收益。

④农村集体土地的处分权能是指所有人依法对物进行处置，从而决定物的命运的权能。目前，农村集体土地的处分权能包括发包（设定土地承包经营权）、租赁、依法转为农村宅基地（设定宅基地使用权）、依法转为集体建设用地（设定集体建设用地使用权）、特殊情况下收回承包地、特殊情况下调整承包地、监督并制止承包方损害承包地和农地资源等多种表现形态。

6.3.3　中国农村集体土地制度的缺陷分析

（1）农村集体土地所有权主体实际缺位或者虚置

农村集体土地所有权人实际上虚置。农村集体土地所有权实际上规定了农村土地三级农民集体所有。《中华人民共和国宪法》和《土地管理法》等法律规定了农村集体土地归“村农民集体所有”

“乡（镇）农民集体所有”“村内两个以上的集体经济组织中的农民集体所有”。现行法律并没有明确“农民集体”作为土地所有权主体的构成要素和运行原则，没有明确产权代表和执行主体的界限和地位，没有解决“农民集体”与“农民个人”的利益关系。所有权主体应该是法律主体，应该具有法律上的人格，应该具有稳定性、权威性和代表性。集体经济组织本身作为企业法人本身发展中具有动态性、也并不能代表所有农民集体的利益、代表的范围也是有限的。因此，任何农村集体经济组织都不能作为农民集体的法定代表。农民集体并不是农村集体经济组织，农村集体经济组织只能行使土地经济的管理权而不具有所有权。“农民集体”是一个集合群体，不具有法律人格，不能有效监督和管理农村集体土地。“农民集体”只是一个虚拟化的主体。因此，中国法律中有关集体土地的所有权人实际上虚置的。

（2）土地使用权对土地所有权的权能替代

土地所有权是土地所有制关系在法律上的表现，是土地所有者对土地的占有、使用、收益和处分的权利。所有权在土地产权中处于支配地位。由于中国集体土地的所有权人虚置，中国土地制度有效运行的只能是土地的使用权，政府在处理土地制度改革时，也有意将土地的所有权能用土地的使用权的权能进行替代。政府把农村土地的使用权独立出来，实行土地承包制。在土地承包制度下，由于这种对土地的使用衍生出因为使用而产生的占有、收益、处分等权利。由于所有权主体的缺位，中国集体土地的所有权人无法处置土地。而国家通过土地征用制度和土地用途的管理制度，实际上限制和剥夺了农民集体所有权的处置权。实际上，原有的基于土地所有权的各种权能已经逐渐被法律约束下集体土地的使用权的基本权

能所替代。这种替代也使得集体土地的所有权进一步被弱化。[①]

（3）国有土地产权和集体土地产权的事实上的不平等

《中华人民共和国宪法》《土地管理管理法》等组成的土地法律体系，确立了国有土地和集体土地制度分离的二元土地制度格局，即以土地二元所有权制度为基础，以土地二元使用制度和土地二元征用制度为主要内容，以政府独占为重要特征，辅以二元土地交易市场和二元土地价格，形成了一个对城乡格局产生重大影响并体现和反映中国特有的二元结构的城乡土地制度。城乡二元土地制度必然带来两种土地制度产权的不平等，形成城乡两个土地市场。

国有土地使用权可以进入资本市场成为商品，并可以依法转让。国务院颁布的《城镇国有土地使用权出让和转让暂行条例》明确规定：国有土地使用权可以采用协议、招标和拍卖三种方式出让。《中华人民共和国宪法》《土地管理法》与国务院和国土资源部发布的各种通知一起，建立健全了建设用地供应总量控制制度、城市建设用地集中供应制度、土地使用权公开交易制度、土地登记可查询制度、集体决策制度等土地市场基本制度。

农村集体土地制度下，农用地转为非农用地和建设用地受到各种限制。《中华人民共和国宪法》《土地管理法》对农村集体土地的转让、买卖、出租、抵押等都做出了严格限制，也对农用土地转用实行严格的计划管理、行政审批制度，不仅把农村建设用地限制在狭小的空间内，还通过国家对农村集体土地征收征用制度实际掌握着农村集体土地的最终处置权，农民集体组织和个人难以就征地补偿标准和政府协商。国家通过对农村集体土地征收，不断扩大国有土地市场规模，中央和地方两级政府再通过国有土地有偿转让市场享有农村土地国有化之后的土地增值收益（其中 30% 上缴中央财

---

① 于建嵘．农村集体土地所有权虚置的制度分析．论中国土地制度改革（论文集）．北京：中国财政经济出版社，2009.

政，70%留给地方政府）。

6.4　中国农地产权改革与税制设计

6.4.1　农村土地三权分置与收益分配机制

农村土地可以按照使用方式的不同分为农用地和建设用地。农用地主要包括耕地与林地等。建设用地主要包括宅基地与经营性建设用地和公益性建设用地。目前我国对于农地和宅基地推行“三权分置”。农地的“三权分置”指的是所有权、承包权、经营权三权分置。建设用地中的宅基地“三权分置”指的是宅基地集体所有权、宅基地农户资格权、宅基地农民房屋使用权。这里主要探讨经营性建设用地的改革政策，国家主要推进集体经营性建设用地入市，与国有建设用地同价同权，城乡建设用地“增减挂钩”。所谓“增减挂钩”就是指将农村零散闲置的建设用地建新拆旧和土地整理复垦等措施变成耕地，置换出的耕地指标用于城镇、产业发展等建设用地，在保证项目区内各类土地面积平衡的基础上，实现建设用地总量不增加，耕地面积不减少，质量不降低，城乡用地布局更合理的目标。而且通过城镇和农村的土地级差收益，来反哺农村发展。其目的在于保持耕地不减少的同时，开展集体建设用地的改革，以增加农民的财产性权利。

集体建设用地改革的核心在于入市相关机制的构建与入市后收益的分配问题。其中入市后的收益分配问题中涉及政府如何参与分配即税制如何设计的问题。集体建设用地的相关制度发展起来之后，必然产生经济利益，农民在获得利益的同时，地方政府作为政策的服务者，当然有权利参与利益分配。而政府参与分配的方式主要就是税收。所以税制安排一定要考虑政府参与收入分配问题，政

府只有能够获得收入，才会有意愿和积极性去推进集体建设用地制度改革。

6.4.2　农村集体土地征税的合法性分析

税收伴随着私有制的产生而产生，并在一定历史时期长期存在。西方国家对土地征税就是基于土地的私人产权性质。而我国土地公有制背景下对土地产权征税的合理性则需要采用所有权理论进行论证。产权、收益与税收之间存在天然联系，产权不看重拥有、占有，而注重其通过交易能带来利益或收益；税收的本质是政府与社会、社会成员之间的利益分配关系。因此，从这一点出发，产权与税收天然存在着联系。由于不同的产权安排代表了不同的利益占有关系，而以产权为基础进行征税本身就是对利益的一种再分配，因此，这是与税收的资源配置功能相契合的。

单一税理论的奠基人亨利·乔治（Henry George）认为，几乎所有的土地价值以及由此产生的任何增值，都是由公众活动而非个人劳动产生。[①] 按照这一观点，通过税收途径把公众活动产生的土地增值从土地所有者那里收回以供全社会使用，这是一种公正、公平的政府行为。另外，随着土地使用权可通过转让、出租、抵押等方式流转，并在流转过程中产生相应的土地收益，而扣除获取土地使用权所需成本，便产生了额外收益。这部分额外收益其实是土地的“溢价”收入，具有财产的性质，符合“可税性”原则。我国土地税的具体税种设置上均体现了对土地使用权产生的额外收益的肯定，无论是占用国有土地的行为、转让土地使用权的行为，都被认定将产生一系列额外收益，因此，为调节这部分“不劳而获”的土地收益分配，国家征收土地税的行为是十分合理的。

---

① 美国林肯土地政策研究院．土地利用与税收——实践亨利·乔治的理论．国土资源部信息中心，译．北京：中国大地出版社，2004.

6.4.3 中国土地税制现状及税制设计要点

（1）中国土地税制现状

土地税制，顾名思义，为与土地相关的税收制度。它是一国或地区制定的土地税收法令和土地税征收办法的总称。土地税是税收中最悠久的税种，由于土地具有位置的固定性和永续利用的特性，土地作为征税客体，税源比较稳定，因此，土地税制长期广泛存在于各国税制中。

中国现行的土地税包括以下税种：一是耕地占用税，是指政府在土地供给中对增量土地征收的一种税，所有占用耕地建房或从事非农建设的行为都要缴纳耕地占用税；二是城镇土地使用税，是指国家在城市、县城、建制镇和工矿区范围内，对拥有城镇土地使用权的单位和个人以其实际占有的土地面积为计税依据，按照规定的税额计算征收的一种税；三是土地增值税，是指对国家有偿转让国有土地使用权、地上建筑物及其他附着物产权并取得增值收益的单位和个人征收的一种税；四是契税，是指以产权发生转移、变动的不动产为征税对象，向产权承受人征收的一种税。

此外，土地交易还可能涉及印花税、企业所得税、个人所得税、增值税等税种，但由于各种原因，除耕地占用税外，其余税种大多针对国有土地进行征收，基本上不直接涉及农村集体土地。

（2）土地税制设计原则

①税制设计要适应经济社会发展的阶段性要求。综合世界各国经验，结合长期以来的土地税制实践，中国集体建设用地的税制设计一定要符合基本国情与经济发展阶段的要求。具体来说要兼顾以下三个方面：第一，保持现阶段的城乡产权二元制度，采取循序渐进式改革，现阶段要更加注重收益权，而不纠结于所有权；第二，基于统筹城乡视角，逐步推行城乡一体化的税制体系，农村集体建设用地可以参照国有土地现行税制进行征管，考虑到各地条件不

同，应适当赋予地方政府一定的税权；第三，税制设计必须考虑各地区的差异，让地方政府参与进来，弥补现行制度的弊端，因此，允许地方政府进行制度创新并对制度创新予以保护才是合适的税制改革方案。

②坚持“宽税基、少税种、低税率”原则。由于税收制度的核心是税负公平，从世界范围来看，各国政府在制定土地税收法律制度时均秉承了“宽税基、少税种、低税率”原则。“宽税基”是要求除了特定条件及公共利益需要的免税规定外，所有土地或土地增值都要征税，这也符合我国现阶段建立城乡统一的建设用地市场目标；“少税种”是要求精简有关土地的税种，一方面可以避免重复征税，另一方面，税种越少越有利于税收征管，从而提高税收的征管效率；“低税率”则是要求税率设置较低，在税基足够宽的基础上，税率只需要一个较低的水平就可以筹集足够的收入，同时较低的税率也易于纳税人接受，提高纳税遵从度。

③税负分布要“轻流转、重保有”。从税负的分布来看，各国都比较重视对土地保有环节的征税，而土地权属取得、转让环节的税收相对较少。比如美国在土地开发环节征税较少，政府还制定了一系列税收优惠政策；而购买之后的土地保有者则需要按年缴纳房地产税，且只存在对住宅实行税收减免和抵扣。英国土地税收制度的设计也体现了“轻流转，重保有”的思想，土地保有的税收成本比转让土地、房产的税收成本高出很多，较高的保有税额也促使土地占有人加强经营管理，不断获取土地收益，土地闲置现象在英国是十分少见的。

“轻流转、重保有”的税负分布结构可以刺激土地交易行为，大大增加土地的流动性，这有助于平衡我国城乡土地供求关系；另一方面，在保有环节课征较重的税，可以有效抑制当前存在的土地闲置和土地投机问题，有效提高土地的利用效率。此外，对保有环节的存量土地征收较重的税，有利于调节土地财富过度集中的现象，更有利于达到社会财富公平分配的效果。

（3）税制设计要点

①扩大原有土地税种的适用范围。原有土地税种包括土地增值税、契税、印花税、耕地占用税、城镇土地使用税等，在目前集体建设用地平等入市、同股同权的形势背景下，完全可以囊括农村集体建设用地。集体建设用地的流转、交易、保有等环节都可以比照国有土地，尤其是土地增值税，作为调整土地增值收益最重要的一个税种，必须适用于集体建设用地，但可以根据农村建设用地状况，比照国有土地进行适当的调整。对于契税、印花税可以完全直接适用，但可赋予地方政府税收减免的权力。对于耕地占用税，为了防止有些村集体为获取集体建设用地流转收益而私自把耕地变成建设用地的行为，同时也为了确保国家的耕地红线，笔者建议提高目前耕地占用税的税率水平。

此外，在集体建设用地入市流转时，还会涉及企业所得税和个人所得税。对于企业所得税，农村集体经济组织获得的收入，可以比照目前的税法规定，对其征收企业所得税。实际上在目前的试点工作中，有很多地方都是通过成立资产管理公司来开展集体建设用地工作，这样就可以直接对这类资产管理公司征收企业所得税。在个人所得税方面，主要是针对农民个人从集体建设用地流转收益中所分配的收入。对于农民个人获得的收入，同样可以比照目前的个人所得税，按照相关税法规定缴纳个人所得税，对于农民个人从村集体或者资产管理公司分得的收入，可以按照“利息、股息、红利所得”征收个人所得税。另外对于一些地区个人转让建设用地的行为，可以参照“财产转让所得”征收个人所得税；对于一些租赁行为，则可以参照“财产租赁所得”征收个人所得税。

②改“从量计征”为“从价计征”。依据其他国家和地区开征土地税的经验，采取从价计征方式是一个更优的选择。首先，从量计征的定额税容易造成土地税收无法动态反映地价变化情况，而且

所缴纳的税款与获得的土地收益相比很可能是一个很小的比例甚至是微不足道的，这就产生了分配不公平问题；其次，定额税无法根据不同地区间经济繁荣程度等条件来调整所辖地区的适用税额幅度，不利于发挥税收对土地收益分配的调节功能。如城镇土地使用税和耕地占用税，按照实际占用的土地面积为标准计算应纳税额，忽视了纳税人所处的地域、行业等因素的影响，无法真实反映土地的市场价值，最终也无法实现调节土地级差收益的目的。而从价计征虽然计征麻烦，但可以根据市场价格的变化来征收不同数目的税款，这符合税收的公平原则和效率原则。

③开辟新的税种——土地闲置税。集体建设用地由于其特殊的地理属性——绝大部分分布于农村地区且税基不具有流动性，发生土地闲置现象并不罕见。随着我国城镇化水平的不断提高，广大农村人口大量进入城市工作或者移居城市变成城市户口，而对于原先持有的集体建设用地份额，很有可能会闲置或废弃；也有很多村集体组织，可能因为各种各样的原因，会选择不配合目前的集体建设用地入市流转政策，导致村民无法获得收益的同时，也造成了土地资源的极大浪费。针对这种情况，就很有必要开征土地闲置税。纵观发达国家的税制结构，很多都有对土地闲置与浪费开征的税种，因为只有土地流转起来，才有可能发挥其市场效益。所以，我国有必要开征土地闲置税，这样就可以充分鼓励集体建设用地入市流转，使集体土地的利用效率达到最大化。

第7章 产权安排与税收筹划

产权安排造成经济主体预期不稳，它所产生的激励就是负向的；产权安排如是生产性的，就会将人们的行为引向提供有利于社会财富增长的努力；产权安排如果是分配性的，就会将人们的行为引向非生产性努力。

——道格拉斯·C. 诺斯（Douglass C. North）

7.1 企业边界对税收负担的影响

7.1.1 市场与企业的相互替代性影响企业税收负担

完全竞争下的市场交易是最优的，市场交易的结果是实现帕累托最优。但是，在现实经济中不存在完全竞争，且市场交易费用不为零。同样的交易，通过市场进行或在企业内部进行所花费的交易费用显然是不同的，交易费用成为衡量交易是通过市场进行还是通过企业进行的标准。

下面根据效用理论，采用均衡分析方法进一步论证市场与企业的相互替代性，如图7－1所示。

假定一项交易只能通过市场或在企业内部进行，且每笔交易通过市场交易的费用即市场交易费用（包括税收）表示为P_1，每笔交易通过企业内部交易的费用即企业内部组织交易的费用表示为P_2，企业的总交易费用限额用C表示。纵轴表示通过市场交易的交易量

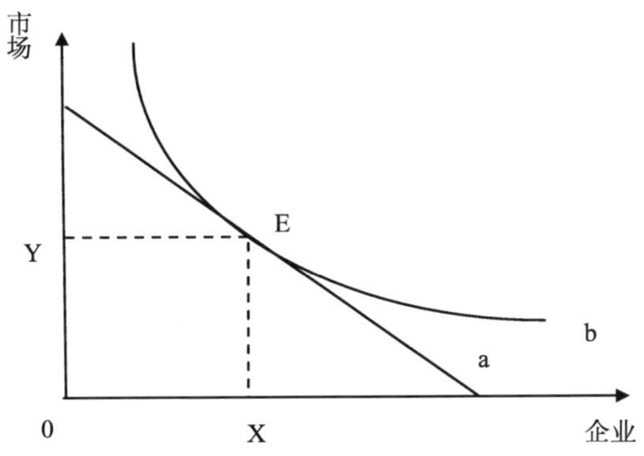

图 7－1　市场与企业的相互替代性

Y，横轴表示通过企业交易的交易量 X，且 $C = P_1Y + P_2X$。向下倾斜的直线 a 是预算约束线，表示当总交易费用限额和每笔交易所需的市场交易费用、企业内部组织交易费用给定的条件下，企业的总交易费用限额所能实现的两种交易方式的各种组合。而凸向原点的曲线 b 是无差异曲线，表示能够给企业带来相同效用水平的两种交易方式的组合。

曲线 a 与曲线 b 相切于 E 点，E 点为均衡点，即最优的交易方式组合点。E 点所对应的无差异曲线和预算线的斜率是相等的。无差异曲线斜率的绝对值为边际替代率 MRS，预算线斜率的绝对值为两种交易费用（交易方式的代价）之比，即 P_1/P_2，因此，效用最大化的均衡条件为：

$$MRS = P_1/P_2 = \Delta X/\Delta Y$$

（1）市场被企业所替代的税收筹划

如果交易通过市场进行时，其交易费用过高，则应该把交易放到企业内部来进行，这样就能降低与市场有关的交易费用，具体可通过资本运营，以产权调整、资产重组等手段扩大企业边界，使市场交易实现内化，即原本属于市场的交易活动转变为企业内部的业务活动，一部分市场将会被企业所替代。虽然企业内部处理“交易”的组织费用[1]会增加，但这时与市场有关的交易费用就会锐减或彻底消失。总地来看，企业所增加的组织费用抵不上减少的与市场有关的交易费用，则最终的结果是总的交易费用降低了。所以，交易费用的变化依赖于企业边界的变化。显然，企业边界在一定程度上是可以被安排的，产权调整、资产重组是引起企业边界变化的重要手段，而税收筹划通过对企业规模、产权结构及组织形式等的调整并做出适当的税收安排，就可以充分利用企业边界的变化微妙地影响税收。

（2）企业被市场所替代的税收筹划

当然，对存在着不同边界的企业而言，所显示的企业规模大小也不同。随着市场部分或全部地被企业所替代，企业边界不断扩张，企业内部“交易”的空间分布、交易的差异性和相对价格变动的可能性会增加，引起企业内部的组织费用不断增加，如果增加到超过交易通过市场进行时的交易费用，则此时企业边界就显得过于膨胀而超过最优企业规模。为了降低市场的交易费用和企业的组织费用之和，就必须缩小企业边界，即通过产权调整、资产重组把一部分非核心资产或低效率资产剥离出去，这就是以资产剥离、企业分立为特征的资本收缩，资本收缩的本质是企业的一部分被市场所替代。

考虑到税收负担因素，当交易通过市场进行时，会形成一道流通环节，显然会形成商品所有权的转移或服务交易的确认，这就需要缴纳增值税、消费税、印花税等与交易相关的流转税。而交易在企业内部进行时，由于没有商品所有权的转移和服务交易的确认，在法律形式上就不构成流通环节，所以也就不存在流转税的负担问题。税收筹划尤其是针对流转税、所得税的筹划不能不考虑企业边界的影响和约束。

---

① 企业内部的组织费用也是交易费用的一种形式，主要表现为在企业内部有关“交易”的组织协调成本及监督成本等。

作为市场交易费用的重要组成部分，企业税负会通过对产权边界的调整来影响企业对市场的替代程度。在企业与市场的相互替代中，产权边界不断调整变化，引起企业税负也会相应发生变化。

7.1.2　企业边界的模糊性影响税收筹划

“企业边界”的概念是由科斯首次提出来的。科斯（1937）认为，企业边界决定于企业和市场在组织交易活动时的交易费用边际比较，在组织交易活动的过程中企业是最优化行为者。企业倾向于扩张直到在企业内部组织一笔额外交易的成本，等于通过在公开市场上完成同一笔交易的成本或在另一个企业中组织同样交易的成本为止，此时企业处于最佳规模，企业边界应该是清晰的，企业边界在一定程度上是可以被安排的。产权交易、资产重组等都是引起企业边界变化的重要手段，企业通过对生产规模、产权结构及组织形式等的调整，结合税制变化及适当的税收筹划活动，就能够利用企业边界的调整影响税收活动乃至于企业税负。

张五常（1983）提出企业边界的模糊性，他认为企业的出现并不意味着市场失灵。一部分市场被企业所替代，其实质是要素市场取代了产品市场，一种合约取代了另一种合约。这种观点认为企业与市场的区别在于合约的形式不同，是采取产品买卖合约、分包合约、租赁合约，还是工资合约。在选择哪种合约形式时，以交易费用的多寡为标准。市场和企业的区分似乎不再重要，企业边界也逐渐变得模糊。在这一分析框架下，税收的多寡不必然取决于企业边界的大小，而是很大程度上依赖于交易合约的性质、内容以及履约情况，即交易合约的特征属性成为影响企业税负的关键因素。因此，税收筹划面对模糊性的企业边界，对交易合约的关注程度远远高于企业边界。

7.2　基于产权安排的税收筹划范式

产权安排是一种基于资产交易、产权结构调整的资源配置方式，它能够打破原有的企业边界。因此，从一定意义上讲，不同的产权安排会带来不同的企业税负。产权安排对企业税负的影响效果体现着产权安排的节税效应。

7.2.1　企业性质选择的税收筹划范式

企业有非公司制企业和公司制企业之分：非公司制企业主要指个人独资企业与合伙企业，公司制企业主要指有限责任公司与股份有限公司。公司制企业属于法人单位，有独立的法人财产，享有完整的法人财产权。因此，公司制企业应独立对其会计利润作出相应的纳税调整后缴纳企业所得税，如果向自然人投资者分配股息或红利，还要替自然人投资者代扣代缴20%的个人所得税。

对公司制企业既要征收企业所得税又要征收个人所得税的税法规定，即通常所说的“双重征税”。相比较而言，我国税法对个人独资企业、合伙企业只征收个人所得税。但由于存在股息、红利与资本利得之间可能的转化通道，以及资本利得税率偏低甚至享受免征待遇，公司制企业“双重征税”模式下的总税负并不必然多于个人独资企业、合伙企业所缴纳的税款。因此，在企业组织形式选择决策中，存在选择个人独资企业、合伙企业与公司制企业的税收筹划范式。

下面构建一个比较合伙企业与公司制企业的税后收益的模型[①]。模型有以下假定：公司的税前收益率为 R_C、合伙企业的税前收益率为 R_P，R_C 和 R_P 在不同时期均保持不变。企业所得税税率为 t_c，个

---

① 迈伦·斯科尔斯，马克·沃尔夫森．税收与企业战略．北京：中国财政经济出版社，2004.

人所得税税率为 t_p，资本利得税税率为 t_g。由于存在非税因素，合伙企业的生产经营和投融资活动面临较高的管理成本。在公司缴纳企业所得税之后、个人所得税之前，公司的收益率为 r_C，且 $r_C = R_C(1-t_c)$，合伙企业缴纳个人所得税之前的收益率为 r_p，且 $r_p = R_p(1-t_p)$。假定该投资项目持续期为 n 年，n 年后公司清算买回所有的股票，且公司中间不对股东支付股利或分配利润。

如果项目是在合伙企业中实施，当取得收入时，合伙人以税率 t_p 支付税收，则合伙人 1 美元的原始投资 n 年后的税后累计收益为：$[1+R_p(1-t_p)]^n$。

如果项目是在公司中实施，则 n 年后公司清算买回所有的股票时，股东投入公司的 1 美元投资的税后累计收益为：$[1+R_C(1-t_c)]^n - t_g\{[1+R_C(1-t_c)]^n - 1\}$。

当合伙企业与公司的税后收益率相等时，合伙企业形式与公司形式的税收筹划决策效果没有差异，令此时的公司层次的税后收益率的均衡临界值为 r_C^*，则有：

$$[1+R_p(1-t_p)]^n = [1+R_C(1-t_c)]^n - t_g\{[1+R_C(1-t_c)]^n - 1\}$$

故整理可得：

$$r_C^* = \{[(1+r_p)^n - t_g]^{1/n}/(1-t_g)^{1/n}\} - 1$$

根据上式可知，r_C^* 受以下因素影响：合伙企业缴纳个人所得税之前的收益率 r_p、资本利得税税率 t_g、投资项目持续期 n。从税收角度分析，如果公司层次的税后收益率大于 r_C^*，则投资者选择公司形式更合适；如果公司层次的税后收益率小于 r_C^*，则投资者选择合伙企业形式更合适。

公司制企业晚于个人独资企业、合伙企业而出现，但公司制企业相对较为进步，这不仅体现在公司较低的运作风险方面，而且也体现在公司纳税方面的独特优势：公司在冲抵损失时不限于当期利润，损失甚至可以延续冲抵未来的利润；公司能够在合理范围内税前列支有利于雇员的年金支出；公司还能够在企业所得税前列支更多类型的成本费用项目，这些都是个人独资企业、合伙企业所无法比拟的。

7.2.2 分支机构形式选择的税收筹划范式

分支机构主要有分公司和子公司两种形式。其中，分公司不具有独立法人资格，没有独立的财产权，其经营活动所有后果均由总公司承担，其企业所得税汇总到总公司集中缴纳；子公司则具有独立的法人资格，拥有独立的财产权，通常独立对外开展经营活动，与母公司之间没有连带责任，其税收自行申报缴纳。

分公司的税收优势主要体现在如下三个方面：一是在经营初期，可以将其经营亏损抵补总公司的利润，降低企业总体税负；二是在总公司与分公司之间进行资产、资本等的转移时，由于不涉及产权归属的变动，因而不必纳税；三是分公司交付给总公司的利润属于内部结转，不必纳税。

子公司的税收优势也体现为三个方面：一是子公司可以独立享受所在区域或行业的税收优惠政策；二是子公司的利润分配形式灵活，不受母公司的干预；三是作为独立的法人主体，子公司的税务风险不会轻易传递给母公司，即母公司不产生风险连带责任。

根据分公司与子公司的不同税收特征，下面对分支机构形式选择进行决策分析。假设分支机构与总机构都不存在税收优惠，根据总机构与分支机构预计的盈亏状况及税率差异，分为以下八种情况讨论，如图7-2所示[①]。

图7-2中，横轴表示总机构的预计盈亏状况，纵轴表示分支机构的预计盈亏状况。t表示分支机构的税率，T表示总机构的税率。

---

① 宋献中，沈肇章．税收筹划与企业财务管理．广州：暨南大学出版社，2002.

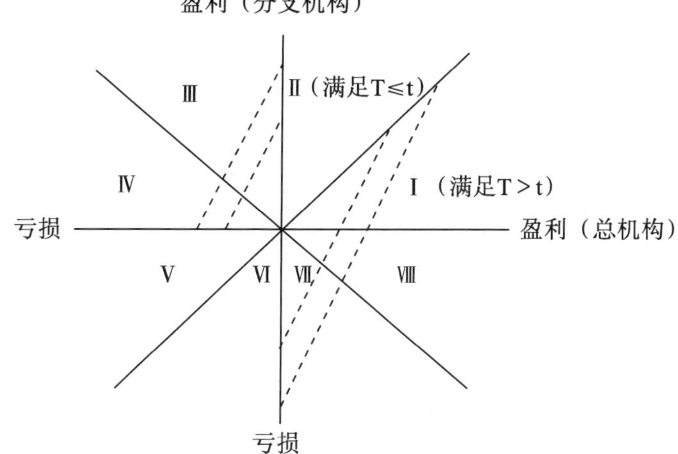

图 7－2　分支机构形式选择的决策模型

由于我国存在多层面税收优惠政策，企业所得税存在 25%、20%、15% 等多档税率，这里分别讨论 T>t 和 T≤t 两种情况，图 7－2 中虚线区域表示采用分公司形式合适；第Ⅱ种情况（满足 T≤t）采取子公司合适；第Ⅴ、Ⅵ种情况采用子公司与分公司形式没有税收差异。总分机构选择规律具体分析如下。

第Ⅰ、Ⅱ种情况下，总机构与分支机构预计皆为盈利，则分支机构不论采取哪种形式，企业（集团）应纳税额都相等。若要求子公司将税后利润分回母公司，在第Ⅰ种情况下，满足条件 T>t，若 t 属于法定低税率则不需要补税，因此采用子公司更有利。第Ⅱ种情况下，满足条件 T≤t，选择分公司采用汇总纳税方式，统一适用总公司的税率 T，则采用总分公司模式纳税额高于母子公司模式。

第Ⅲ、Ⅳ种情况下，总机构预计亏损，分支机构预计盈利。分支机构最好采用分公司形式，采取汇总纳税方式可使总分机构当期应纳税总额最小。

第Ⅴ、Ⅵ种情况下，总机构与分支机构预计皆为亏损，则分支机构不论采取哪种形式对企业（集团）的应纳税额的影响都一样。

第Ⅶ、Ⅷ种情况下，总机构预计盈利，分支机构预计亏损，则选择总分机构形式采取汇总纳税，可以实现总分机构盈亏互抵。

在设立分公司与子公司的筹划决策中，还要考虑分支机构所处的区域优势及其享受税收优惠政策的情况。若分支机构单独运作，其所享受的税收优惠优于母公司时，分支机构应采用子公司形式，反之采用分公司形式。还要考虑分支机构初期经营情况，由于开办费、市场风险等因素的存在很容易导致分支机构出现亏损，所以在分支机构组建初期，最好采用分公司形式；当分公司开始扭亏为盈后，再把分公司变更设立为子公司，这样就会收到较好的税收效果。

需要指出的是，母子公司之间的资产或股权划转也存在一定的税收筹划空间。如果母、子公司均是居民企业，且母公司对子公司直接控股100%时，允许双方的资产或股权划转采用特殊性税务处理，不计算确认企业所得税。

财税［2014］109号文件关于股权或资产划转的具体税收政策规定如下：对100%直接控制的居民企业之间，以及受同一或相同多家居民企业100%直接控制的居民企业之间按账面净值划转股权或资产。凡具有合理商业目的、不以减少、免除或者推迟缴纳税款为主要目的，股权或资产划转后连续12个月内不改变被划转股权或资产原来实质性经营活动，且划出方企业和划入方企业均未在会计上确认损益的，可以选择按以下规定进行特殊性税务处理：①划出方企业和划入方企业均不确认所得；②划入方企业取得被划转股权或资产的计税基础，以被划转股权或资产的原账面净值确定；③划入方企业取得的被划转资产，应按其原账面净值计算折旧扣除。

7.2.3 产权重组的税收筹划范式

所谓产权重组，是指对产权结构以及由产权结构所决定的产权具体实现形态进行重新的组合和构造。[①] 产权重组的实质是产权安排

① 胡建绩．产权重组．上海：上海译文出版社，1997：27.

的后续调整，其直接目的就是要将企业的产权结构调整到理想状态，从而使企业获得更大的权益，具体到税收上，就是使企业达到税后收益最大化。企业通过产权重组进行税收筹划主要有以下三种具体途径：

（1）企业合并与企业分立的税收筹划

企业合并属于一种扩张型的产权重组，其应用在税收筹划活动中主要体现在以下方面：①通过横向合并，实行横向一体化战略，扩大企业规模和市场占有率，形成规模经济并有效降低企业税负；②通过纵向合并，实行纵向一体化战略，实现收益增长，交易费用降低。例如，对上下游企业合并可以节约流转税金及附加；③通过合并与本企业处于不同行业的企业，进入新的领域、新的行业，享受相关税收优惠、降低企业税负；④通过合并存在较大经营亏损的企业，可以抵补本企业的高盈利，降低整体税负。

企业分立是一种收缩型的产权重组方式，其应用在税收筹划活动中主要体现在以下方面：①通过将企业中存在的兼营或混合销售业务分离出来，使其适用零税率或低税率降低企业税负；②企业存在适用累进税率的业务类型，可以将该类型业务分拆，采取企业分立方式将其分立为两个或多个适用低税率的纳税主体；③通过对企业流程中不同环节的业务进行分拆，从而增加一道流转环节，采取诸如增值税进项税额抵扣以及转让定价转移利润等手段降低企业税负。

企业在进行税收筹划时究竟是选择合并重组还是分立重组，可以参考哈特（Hart）的理论模型[①]。假设有两种资产 a_1 和 a_2，以及两个经营者 M_1 和 M_2，根据这些要素，可以形成两种分立型和两种合并型的产权结构，如表 7 - 1 所示。哈特经过论证后得出如下结论：当 a_1 和 a_2 两种资产密切相关或高度互补时，采用（1）或（2）的合并型产权结构更容易降低交易费用。当某个经营者与某种资产

① 哈特．企业、合同与财务结构．上海：上海三联出版社，1995：95 - 110.

密切相关时，例如 M_1 必须拥有 a_1 或 a_2 的全部控制权才更具有生产力，则采用（3）或（4）分立型产权结构。

表 7-1　　哈特模型中的产权结构类型

合并型		分立型	
（1）	（2）	（3）	（4）
$(a_1, a_2) \in M_1$ M_2 为 Ø	$(a_1, a_2) \in M_2$ M_1 为 Ø	$a_1 \in M_1$ $a_2 \in M_2$	$a_1 \in M_2$ $a_2 \in M_1$

（2）股权交易与资产交易的税收筹划

从产权重组的角度观察，股权和资产都属于企业这一产权主体所拥有的财产，两者都具有独立性和确定性，都可以单独交易。其交易结果不会影响企业的产权性质，只会影响企业的产权结构。因此，股权交易与资产交易都属于产权重组的范畴。

利用股权交易、资产交易改变企业边界进行税收筹划时，会涉及企业所得税、增值税以及土地增值税等多个税种。比较资产交易与股权交易，一般资产交易只涉及单项（或一组）资产的交易，而股权交易涉及部分股权或全部股权的交易，两者所适用的税收政策存在较大差异：资产交易涉及增值税、印花税和企业所得税，譬如存货、固定资产交易时，转让方应视同货物销售行为缴纳增值税、企业所得税；而股权交易并未引起交易双方资产、负债的实质性流动，不属于增值税的征收范围，仅仅征收印花税和企业所得税。鉴于股权交易的目的在于通过股权控制方式实现对目标企业的控制，股权交易作为一种典型的产权重组形式，已经被越来越多的纳税人借用其作为一种有效的税控工具。

股权收购与资产收购通常需要区分一般性税务处理与特殊性税务处理，因为两者的税务处理是不同的。一般性税务处理也就是人们常说的应税重组的税务处理方式，而特殊性税务处理也就是人们常说的免税重组的税务处理方式。企业在进行所得税筹划时，应尽可能地满

足税法规定的条件①，以适用免税重组的税务处理方式达到节税的目的。股权收购与资产收购的税务处理比较如表 7－2 所示。

表 7－2　　股权收购与资产收购的税务处理比较

<table>
<tr><th colspan="2">项 目</th><th>股权收购</th><th>资产收购</th></tr>
<tr><td colspan="2">定义及实质</td><td>通过购买目标公司股东的股权达到对目标公司实施绝对控制的行为，其实质就是目标公司股东投资形式之间的变换</td><td>一家企业购买另一家企业实质经营性资产的交易行为，其实质是购买非现金资产</td></tr>
<tr><td colspan="2">支付形式</td><td colspan="2">股权支付、非股权支付或两者的组合</td></tr>
<tr><td rowspan="2">处理方式</td><td>一般性税务处理（目标企业股东的所得实现确认）</td><td colspan="2">1. 被收购方应确认股权、资产转让所得或损失
2. 收购方取得股权或资产的计税基础应以公允价值为基础确定
3. 被收购企业的相关所得税事项原则上保持不变</td></tr>
<tr><td>特殊性税务处理（目标企业股东的所得未实现确认）</td><td>1. 被收购企业的股东取得收购企业股权的计税基础，以被收购股权的原有计税基础确定
2. 收购企业取得被收购企业股权的计税基础，以被收购股权的原有计税基础确定
3. 收购企业、被收购企业的原有各项资产和负债的计税基础和其他相关所得税事项保持不变</td><td>1. 转让企业取得受让企业股权的计税基础，以被转让资产的原有计税基础确定
2. 受让企业取得转让企业资产的计税基础，以被转让资产的原有计税基础确定</td></tr>
</table>

注：股权支付是指企业重组中购买、换取资产的一方支付的对价中，以本企业或其控股企业的股权、股份作为支付对价；非股权支付是指以本企业的现金、银行存款、本企业或其控股企业股权和股份以外的有价证券、存货、固定资产、其他资产以及承担债务等作为支付对价。

产权重组的实质是实现产权结构调整，其目的是通过产权安排来优化资源配置。企业在重大产权重组活动中，将全部或部分实物资产以及与其相关联的债权、债务和劳动力一并转让给其他单位和个人的行为，其实质是一种类似股权交易的“净资产”交易，本质上达到产权结构调整的目的。考虑我国税制对股权交易并不课征任何流转税，因此，对这种表现为“净资产”交易的产权交易也不征

① 特殊性税务处理需满足以下五个条件：第一，具有合理的商业目的，且不以减少、免除或者推迟缴纳税款为主要目的；第二，被收购、合并或分立部分的资产或股权比例不低于 50%；第三，企业重组后的连续 12 个月内不改变重组资产原来的实质性经营活动；第四，重组交易对价中涉及股权支付的金额不少于 85%；第五，企业重组中取得股权支付的原主要股东，在重组后连续 12 个月内不得转让所取得的股权。

收流转税（主要是增值税或消费税）。对满足特殊性税务处理要求的资产重组活动，不确认资产（或股权）转让所得，也不征收企业所得税，即我国税制对产权重组几乎一路开“绿灯”。所以，纳税人利用产权重组实施有效的产权安排以降低企业税负不失为一项明智的选择。

7.2.4 代际间财富转移的税收筹划范式

财产继承是实现财富转移的一种有效方式，世界上一些国家已经开征遗产税，有效地监控财富的传承与转移。鉴于我国目前还未开征遗产税和赠与税，所以财富拥有者在代际传递时会选择继承方式以降低其税收负担。目前，我国政府对房地产、汽车等大额记名财产有产权登记要求，转移时必须办理过户手续；而金银珠宝、古玩字画等收藏品、投资品等并未建立严格的产权登记制度，当大量财富以无记名财产的形式存在且通过继承、赠与等方式在代际转移时，政府很难对其实施有效的税收监管。

能够实现在代际低税负转移财富的税收筹划范式是保险避税模式，即利用保险避税原理实施代际的财富传承，基本操作模式如下：上代财富拥有者为下代子女投保各类人身保险产品，子女作为保险受益人于未来期间所收到的各项保险理赔金和保险返还款均适用免征个人所得税优惠待遇，且亦不再视为继承或受赠的财产（遗产）而被课征遗产税和赠与税。上述保险避税原理，实质上是一种低税负的产权安排。譬如，一些保险机构利用保险避税原理设计的“零岁保险计划”深受家长们的青睐；还有一些保险机构推出的寿险也属于合法的理财工具，寿险合同反映的是保险方与投保方之间的保险给付关系，利用寿险既可以预防风险、保全财富，又可以合法规避遗产继承风险。所以，借助保险工具低税负转移财富的模式被很多家庭所接受，保险这一理财工具就冠冕堂皇地成为具备避税功能的代际“财富传递管道”。

附录：产权税收理论文献综述

1. 产权与产权界定研究

1.1 产权理论及其发展

关于产权起源的说法，最早源自于哲学。早期哲学的产权定义认为，只要单方面认定和宣布一物属于自己，则此物就属于自己。这种观点在方法论上属于明显的唯心主义。关于产权的定义，早在古希腊时代的色诺芬所著《经济论》（公元前381年至公元前371年）中就曾对产权的定义与性质进行过初步探讨。追根索源产权问题研究，主要有两种最基本的理论范式：一是以科斯为代表的西方新制度学派的产权理论，另一种是以马克思为代表的产权（所有权）理论。

1.1.1. 西方产权理论

20世纪60年代，科斯系统论述了产权的经济作用，发表的《社会成本问题》标志着新制度经济学中产权理论的形成。新制度经济学的产权理论认为，产权（更具体的是指私有产权）的产生要归于资源优化配置的需要，西方资本主义发展的动力便来自于私有产权的产生及其准确界定与保护。具体观察与分析，新制度经济学对于产权起源的研究大致形成了以下三个代表性观点：

第一，产权的产生源于节约交易费用的需要。西蒙和迪蒙赛尔[①]（1977）通过实例分析说明，私有产权产生的经济原因就在于避免交易费用过高。而且在西蒙和迪蒙赛尔的研究中，虽然也使用了“公有”这个词，但是他们始

① 西蒙和迪蒙赛尔在1977年《经济杂志》第3期的一篇文章中指出，“为了避免交易费用过高，他只会与一两个私人企业主谈判，进行土地合并或集中交易。”

终不承认公有产权的存在。

第二，私有产权的产生是经济力量作用的结果。诺斯和托马斯在《西方世界的兴起》一书中，运用产权理论扩展了经济史的研究范围，其中就包括对私有产权起源的研究。诺斯和托马斯认为，私有产权或个人产权是在封建公约基础上发展起来的，在此之前并不存在严格意义上的产权。而且私有产权的产生并不是相互掠夺的结果，而是经济力量作用的结果，私有产权并不意味着社会中存在某一特权阶层掠夺社会财富后，再由其赏赐给其他人。

第三，商业活动的发展促进了私有产权的产生。德姆塞茨（1967）在《关于产权的理论》中认为，私有产权的建立是为了改善资源稀缺的问题，而资源的日益稀缺是由于商业活动的不断扩张导致的，因此，从根本上说，私有产权的产生源于商业活动的不断扩张。此外，德姆塞茨还提出了一种全新的产权起源观点，他认为只要是在旧产权关系的基础上产生新的产权关系，那么无论这种产权关系转变的时点在何处，都可以看成是产权的起源。

新制度经济学的产权理论认为，产权制度变迁的动因来源于改变契约给行为者带来的收益变化。产权制度变迁一般是对构成制度框架的规则、准则和实施组合的边际调整，与制度变迁相对立的状态是制度稳定。制度稳定是指在给定行为者谈判力量及一系列契约时，任何一个行为者都不会改变原有契约的状态。诺斯认为，相对价格或偏好的变化可能为行为者的契约改变带来收益，从而导致产权制度的变迁。其中，相对价格的变化主要源于要素价格比率、信息成本、技术等的变化，偏好的变化主要源于观念、风俗、习惯和宗教等意识形态的变化。同时，诺斯认为，产权制度变迁还存在另一个重要的外部影响因素，即人口不断增长的压力。随着人口的不断增长，边际产量呈现递减趋势，从而促进产权制度进行相应的改变①。

现代西方产权理论关于产权起源的观点的共同特点是把产权安排和资源配置效率结合起来，从 20 世纪 60 年代后期开始，一批学者开始使用新古典主义的研究方法来研究产权的起源问题。

20 世纪 60 年代以后，西方产权理论形成了三个不同的分支：一是以威廉姆森为代表的交易成本经济学派；二是以布坎南为代表，由维克塞尔的契约

① 诺斯．制度、制度变迁与经济绩效．上海：上海人民出版社，2008：102 – 103.

理论发展而来的公共选择学派；三是以舒尔茨为代表的自由竞争学派。

1.1.2 马克思产权理论

马克思则用崭新的无产阶级世界观构建了产权理论的宏伟大厦。马克思立足于唯物史观，得出产权不是与生俱来的，而是社会分工和私有制的产物的结论，产权的起源与发展同生产关系及所有制形式之间存在着相互对应的关系。马克思认为“财产关系只不过是生产关系的法律用语”。①

马克思产权理论是深深根植于所有制理论的。虽然马克思主义政治经济学中没有明确的产权概念，但是在马克思关于所有制与财产关系以及与生产关系之间的关系论述中蕴含着大量的产权理论思想。马克思认为，研究产权问题的最根本的基础就是生产力与生产关系之间的矛盾运动。不同的所有制基础上会产生不同的产权形式，并且明确提出产权不仅仅是资本主义社会阶段的产物。在此基础上，马克思产权理论着重分析了资本主义私有制下的产权关系问题。马克思产权理论对资本主义制度下产权的性质、发展规律以及内部分解等问题做了全面细致的研究，深刻揭露了资本主义产权关系的实质。

马克思产权理论认为：产权是指财产权，财产权具有排他性。财产权并不是单一的权利，而是一组权利的组合体，其不仅包括所有权，还包括占有权、使用权、支配权、经营机、索取权、继承权和不可侵犯权。在财产权这一组合体中，财产的各种权利可以是统一的，也可以是分离的，这种分离具有各种形式。正是通过这种对资本主义产权关系的分析，才揭示出剩余价值的生产、实现和分配的规律，揭示出资本主义所有制的本质，进而通过“产权”这一主线使资本主义经济关系的整个图景展现在人们面前。

产权制度变迁的根本动力来自于生产力与生产关系之间以及经济基础与上层建筑之间的矛盾运动。历史上任何一个时期的产权制度必须与这一时期的生产力与经济基础相适应。马克思把生产力看作是社会发展的第一推动力，始终认为生产力的发展是产权制度变迁的根本动力。马克思认为，产权制度变迁的前提是生产关系的变化，而生产资料所有制的变化又是其最直接的体现。产权制度变迁是生产力发展的结果，所以产权是人们不能自由选择的，而是由生产力决定的所有制结构及法律形式。

---

① 马克思恩格斯全集：第 13 卷．北京：人民出版社，1975：9.

1.1.3 当代产权理论

阿尔钦（2007）提出产权具有排他性、外部性和可分割性，并将产权具体划分为国有产权、共有产权和私有产权，认为私有产权能够有效克服国有产权和共有产权的外部性缺陷，提倡积极保护私有产权。张五常明确指出拥有产权的三个基本条件：首先，使用权是私有的，即由个人可以决定是否行使这种权利；其次，私有产权存在的必要条件是收入的享受权，也即私有产权被转让使用必须以价值的获取为条件；张五常（2008）对产权的界定其实强调了产权与价值之间的联系，即只有通过交换产权获得收益，产权的界定才是有意义的。

鲍灵光（1996）认为，产权是产权理论中的一个基础性概念，它是指当事人对财产或资源的所有权、使用权、收益权和转让权等各项权利的总和。其含义比通常所谓的所有权概念要广泛得多，不仅包括所有权，还包括所有权以外的其他各项权利。而产权制度可以理解为关于产权界定、实施、保护和变更的一整套规则体系。这套规则体系可以是伦理道德或社会习俗的形式，但主要是以法律方式来确定的。刘志广（2011）认为，在国家最初以所有者国家面貌出现时，政府从名义上垄断了一切权利，将一切产权占为己有，对产权的垄断构成了财政收入的主要来源。但政府又不可能靠直接支配和使用所有的产权来实现其财政收入最大化或纯剩余最大化。因此，它必然要将产权界定给其他人或组织，而自己则从产权运用中获得收入。纪坡民（2005）指出，所有权是一切财产权利的基础和核心，是产权全部逻辑展开的最初始的出发点。所有权权能的分割和转让，形成他物权，所有权权属的转移，则可以形成债权。因此，产权与所有权的属性并不相同。刘明越（2013）认为，所有权概念主要是从根本上强调财产的最终归属关系，而产权是从资源配置角度来界定财产的占有权、支配权和使用权，强调的是支配运用财产时的适当规则，以使分别属于各种所有权关系的资源能够在整个国民经济范围内依据经济效率、经济结构的演变、经济发展的需要进行调整。

法学界认为产权与所有权不可分，一物只能有一个所有权，而且能作为所有权客体的财产一般是有形物。但在英美法系中，产权不仅指不同人之间对物的占有、使用、收益、处分的关系，还包括不同权利人在行使各自权利时，对他人的损害承担问题。因此，将这种损害赔偿责任问题作为“产权”

来讨论在英美法系背景下是说得通的，但我国一些经济学家将“产权”概念作为财产所有权看待，并应用于产权制度改革，就会扭曲产权与产权界定的原意。此外，从法学视角看，曹阳（2015）认为财产权与税权的博弈及协调是法治社会推进的主线。由于税权的扩张性制约民商事交易行为，影响了民商事法律规则有效运行，并造成了财产权保护的困难。要处理好财产权与税权的博弈关系，需要从利益循环路径出发，从法律体系、配置规范、立法程序和规范税权等方面入手，控制税权随意扩张，协调其与财产权的关系，促进财产权与税权的协调、可持续发展。

1.2　产权界定概念及其经济应用

1.2.1　产权界定概念

在产权基本概念的基础之上，衍生出了将产权的各项权能界定给不同的主体，由此形成不同的产权结构的对应概念。产权和产权结构的区分和界定，对于市场经济的发展可谓是起到了基石的作用。道格拉斯·C. 诺斯（1988）通过对西欧各国经济权利历史演变的考察，认为政府创立、实施和保护一套有效的产权制度，使经济活动的私人收益率接近社会收益率，从而为私人提供适当的激励，这也被视为是近代西方世界及市场经济制度兴起的重要原因。

产权结构这一范畴包括私人产权、共有产权、国有产权和集体产权等诸多方面。产权结构的异同对经济运行效率具有差异性的影响，一种产权结构是否有效率，关键要看其是否能在权能主体的支配下为权能主体提供激励，即实现外部性内在化。刘明越（2013）认为产权权能界定给不同主体，将导致资源配置效率、资源占有、产出结构和收入分配方式的不同。在现代市场经济条件下，产权是从所有权分化出来的，源自于所有权，又不同于所有权，取得了符合现代市场经济要求的独立存在形式。刘尚希（2015），产权不看重拥有、占有，而着重其通过交易能带来的利益或收益。

1.2.2　产权界定的经济应用

在现实社会中，产权对于市场经济和权力分配的影响，却要深刻复杂得多。科斯（1991）从交易成本的角度对产权对市场经济影响做了进一步的分析：假设交易成本为零时，传统的微观经济学和福利经济学关于竞争经济中市场机制能最优配置资源的命题才可能成立，并且不受特定的产权结构在产权界定的基础上所形成的影响。但实际生活中总是存在着正的交易成本，因此实际的产权界定和安排将时刻影响并改变着市场经济中的资源配置。道格拉斯·C. 诺斯（1999）认为，产权理论的产生和形成有极为深刻的经济影响。现代社会由于专业化和分工的迅速发展，交易规模极其庞大，交易过程十分复杂，交易成本很高，信息不完全、欺诈、违约、偷窃等行为不可避免，导致个人收益偏离社会收益。

蔡昌（2017）认为产权流转是产权安排的基础。产权流转，其实质是产权穿越企业边界，表现为产权交易或产权重组活动。产权流转意味着产权主体的改变，是一种实质性的产权结构变化。对产权流转实施严格意义的征税是我国税法始终贯彻的基本原则。产权安排的调整有多种方式，其中对税收及税收筹划有着重大影响的是一定条件下的产权交易和资产重组活动。导致产权安排发生变化的最典型的产权交易和资产重组活动是企业并购、企业分立、股权收购以及组织架构选择等行为。

1.2.3 产权与制度的关系

初始的产权安排会形成一种利益分配格局——而通过交换获得收益首先需要有社会强制力的保证——国家是一种在行使暴力上有比较利益的组织，因此，由国家制定某种制度的本质就是实现一种产权安排，使得利益在政府与社会之间、社会成员之间能够达成一种有关利益的契约。然而，同产权存在直接对应的还有一个被称为“制度”的概念，那么什么是制度？诺斯（1994）认为制度提供了人类在其中相互影响的框架，是为约束在谋求财富或本人效用最大化中个人行为而制定的一组规章、依循程序和伦理道德行为准则；另一方面，对于产权，诺斯（1994）也指出：“经济体制是由彼此间具有特殊联系的一套复杂的制度组成的。宪法是这种体制最基本的组织约束，其目的是通过界定产权及强权控制的基本结构使得统治者的效用最大化。”由此来看，一项制度从根本上说就是对产权的重新配置。此外，E. 菲吕博腾等（1991）也指出一套有效的产权制度必须具备如下四个要点：产权的明确界定、产权的排他性、产权的自由转让（或自由交换）、交易成本低廉。更进一步地，诺斯（1994）把产权界定为是个人支配其自身劳动及其所拥有之物品与劳务的权利。这种支配权是法律规则、组织形式、实施机制以及行为规范的函数。诺斯认为产权是制度的函数，产权的变化影响制度变迁和演化的程度，制度的结构又制约产权结构及产权结构的调整。产权对于人类减少信息

成本、不确定性和技术压制是有效的。在杨白冰（2015）看来，产权与制度之间互为充分必要条件。即制度的本质就是对产权的一种安排，而对产权的界定与保护就是制度设计的具体体现。制度是保证产权配置的基础，产权的配置反过来又决定了制度的效果。因为制度本质上是形成一种利益收入以及分配，而产权的配置对此有着决定性的作用。

2. 产权税收基础理论研究

2.1 产权和税收的关系

传统意义上的税收理论认为，税收是公共产品的价格。这种观点可以追溯至维克赛尔与林达尔，他们认为人们是以资源交易为基础来对公共品缴纳税金的。理论上每个人为公共品所付出的边际税收价格应该是相当的，尽可能实现个人消费公共品与支付的税收价格一致。

然而，传统的税收理论是从资源配置角度观察和分析问题，并未考虑到制度结构在其中的作用。而无论是建立在国家分配论基础上的税收本质观，还是建立在公共产品理论基础上的税收本质观，都存在着局限性。税收关乎政府与社会、社会成员之间的利益分配，其本质应该是对私人权利与公共权利的重新配置。

2.1.1 产权税收论的利益分配观

产权税收论是对公共产品理论的进一步细化，即利益分配，并不以物物交换为基础，每一种物品可以有不止一种权利。从产权角度分析，税收的本质其实是一种对私人财产权的剥夺，个人将一部分私人产权转移给国家，而国家则代之以公共产权的形式提供收益补偿。国家与个人之间之所以可以形成这种交换关系，即个人之所以愿意让渡一部分私有产权给国家，是因为这样的交换对双方而言均可以实现福利改进。

产权安排的实质是对财产权的分配。考虑到税收的特征和功能，税收实质上关乎政府与社会个体间的利益分配，从这一点上可视税收为财产、收入的支配权在政府和个体之间的重新划分。因此，产权与税收天然存在着联系。

产权是国家和经济组织为了交易双方减少交易费用所期望出现的制度函数。就税收的本质而言，税收制度的设计界定着不同个人之间的空间和获利方式（公平职能），也关乎社会与国家之间的利益分配（效率职能）。因此，税收的本质是与产权紧密相连的。通过对产权的界定和配置，不同社会主体获得了不同的经济权利。税收制度也借此实现了对社会主体责任与义务的认可。

税收的主要职能体现在两个方面，其一是筹集国家财政收入，即提取一部分社会纯收入作为税收，用以保障国民经济的再生产；其二是调节社会资源在不同经济成分，不同地区，不同单位和个人之间的分配，以实现社会发展的经济目标。由于不同的产权安排代表了不同的利益占有关系，以产权为基础进行征税本身就是对利益的一种再分配，这是与税收的资源配置功能相契合的。

2.1.2 产权与税收的相互依存性

每一种物品可以有不止一种权利。同样，每个人也可以同时拥有不同物品的某种权利或某一些权利。任若恩（2005）认为税收的存在以产权的存在为前提，税收必须依附于清晰的产权关系，税收的目的物是产权。产权税收理论的提出主要是为如何确定税收边界提供理论依据。因此，在产权明确存在的地方，税收或税收权力应当介入，否则会导致税收真空；在产权不存在或不明确存在的地方，税收或税收权力就不应当介入，否则就导致税收或税收权力滥用。从税收的产权本质看，可将税收体系划分为产权交易税、产权收益税与产权静态税。三者存在一定程度的重复征税，但这并不违背税收的本质。蔡昌（2013）认为，产权与税收之间存在着密切的关联性和互动关系，税收存在的前提是产权的存在。白若冰（2015）认为税收制度的构建应以产权为基础，税收本质上是一种私人产权与公共产权的交换。合法征税的前提是产权的清晰界定，税收的价格等于国家界定与保护产权的成本。蔡昌（2016）认为税收的作用在于调整产权与财富的平衡关系，形成涵盖产权持有税、产权流转税、产权收益税，并在我国产权转型中充当着产权证人和产权保护人税的税收体系，以此形成对私人产权内部各项权利的划分与保护。我国应从税收法定、提高直接税比重、构建税收信用三个方面搭建产权保护的税收平台。

2.2 税收与产权保护研究

2.2.1 税收制度对产权保护的影响

税收制度通过影响产权交易和创新活动，进而影响产权交易目的和运行

成本。政府通过控制产权，从而控制征税工具，对既定的社会利益进行强制性分配，使财政利益最大化。朱庆民（1998）认为，税收制度影响产权制度的创立、实施。税收制度对产权的整体保障制度有着重要影响。税收程度越低，“产权削弱”就越低，产权的独立性也就越强，产权保障制度就变得越有效。税收制度的稳定性和有关税收条款的明确性，对产权经济人在经营过程中降低交易成本，增强产权保障程度作用更大。

高小萍（2001）认为多变的实际税率、朝令夕改的税收制度以及含义不明的税法条款，不仅会增加经济当事人为搜寻准确的价格信号所花费的交易成本，还会使产权的保障程度被削弱而降低财产的价值，增加交易的风险。刘晔（2009）认为，首先，市场交易的本质并非物与物之间的交易，而是附着在物上的产权的交易。其次，作为排他性的权利，产权的界定与保护需要国家的强制力。这就意味着，国家通过提供保护保护与公正，即国家通过对产权界定与保护而换取税收，这就构成了税收的本质。刘晔（2009）还指出，从新制度经济学出发的这一税收观除了阐明税收的本质外，还为税收划定了合法性的范围。对于合法性，布坎南的看法是：“只要承认，法律具有生产力，就得承认国家有权从经济中取得部分有价值的产出。如果没有一种制度保护所有权并使契约付诸实施，那么国家也就无权来分享总收入”。这意味着国家只有对产权予以保护，其征税才具有合法性。

任寿根（2005）认为税收的边界可以通过产权确定：在产权不明晰的时候，税收权利的介入会导致权利滥用；当产权能够明晰确定时，税收权利应当介入，否则将产生权利真空。此外，这里的产权应当是包括使用权、收益权以及处置权在内的一系列权利，如果只包含其中的部分要素，则不属于税收边界范围，此时也同样不存在征税问题。

2.2.2　税收与产权保护的合法性研究

蔡昌（2013）提出，税收依附于产权基础而存在；征税是对合法产权认定与保护的一种承诺；私人产权保护是形成合法征税权的先决条件。税收的真正标的物是产权：对财产课税，实质上是对财产所有权课税；对所得税课税，其实是对产权收益课税；对商品交易课税，实质上是对商品产权交易课税。因此，政府使用税收形式获取收入的前提是产权的存在性。

私人产权保护是形成合法征税权的先决条件。国家通过提供界定、保护产权的公共服务以换取税收，因而税收本质上可视为国家界定和保护产权的价格。私人之所以同意将私人产权让渡给公共收入，其目的在于换取国家的保护和公正。由于税收的存在以产权的存在为前提，税收必须依附于清晰的产权关系。这里产权的存在是指关键权力束的存在，即包括所有权、使用权、收益权和处置权。如果具备上述权利束的一项或多项权利，就存在征税问题。

税收的本质不仅关系着个人权利与国家权利的界限，也事关私人产权与公共产权之间的交换。总的来说，税收与产权间的本质联系体现在：一方面，征税作为一个资源由私人产权转变为公共收入的过程，只有税收明确了产权才能明确；另一方面，如果没有私人产权保护就不能形成真正合法性的征税权利，所以也只有产权明确了，政府才有理由征税。

2.3　产权结构、企业绩效与税收负担

2.3.1　产权结构与税收负担的关系

国内学者大多数认为产权结构是影响我国上市公司实际税负的重要因素，其中政府干预程度、不同股权性质企业的避税动机强弱、税收优惠多寡等因素是导致不同所有制企业实际税负差异的主要原因。

曹书军、张婉君（2008）研究发现，上市公司第一大股东持股比例与公司实际税负显著正相关；吴联生（2009）研究发现，公司内国有股权所占比例越高，其实际所得税税率也越高。吕伟（2010）研究发现，相对于国企而言，受政府干预较少的民企会选择更为激进的避税行为，其实际税率相对更低；覃雪梅（2011）研究发现，国有控股上市公司所得税实际税负率显著高于非国有控股上市公司，且随着股权集中度的提高，企业所得税实际税负呈先下降后上升的“U”形变动趋势；龙文滨、周茜（2012）研究发现，公司股权结构与实际税负之间不存在简单的线性关系，它同时受政府控制方式和持股比例的双重影响。

蔡昌、田依灵（2017）研究发现，产权性质、所得税负担和企业财务绩效之间存在一定的相关性：一是产权性质对税收负担有显著性影响，且国有上市公司的税收负担明显高于民营上市公司；二是产权性质对企业财务绩效有显著性影响，国有上市公司的财务绩效明显低于民营上市公司；三是税收负担与财务绩效具有显著负相关性，且税收负担在产权性质影响企业财务绩

效的逻辑关系中起着“桥梁作用”。

2.3.2　产权性质与企业绩效的相关性

吴风来（2003）[①] 认为，民营上市公司要比国有上市公司财务绩效高。产权归属越明晰，公司财务绩效越高，即产权性质是影响企业财务绩效的重要因素。徐莉萍等（2006）[②] 认为，国有产权行使权利主体的不同会对企业绩效产生明显不同的影响，国企控股的上市公司的经营绩效比国有资产管理机构控股的上市公司更好，中央直属国企控股的上市公司经营绩效比地方国企控股的上市公司更好。董梅生（2011）[③] 利用2002～2009年518家上市公司（分为16个竞争性行业）的数据进行实证研究发现，国有上市公司与民营上市公司竞争环境基本相同，国有企业和民营企业无论是在财务效率，还是在技术效率上，都不存在显著差异。

2.4　产权结构对企业税收行为的影响

2.4.1　国有企业避税动机较弱

从企业委托人（股东）的角度来看，政府控制国有企业，企业管理层基本于政府行政任命，并接受国资委等相关部门考核，这降低了政府与国有企业之间的信息不对称程度。而且政府作为国有企业的大股东，税收监管部门可以采取行政命令的方式指派专员入驻国有企业，负责监督和催缴税款，所以国有企业受到的监管普遍要强于非国有企业。这将增加国有企业避税的难度以及避税的成本。对国有企业而言，政府既是其产权所有者又是其税收的受益者，因而其税收与利润的最终受益者都是国家，而从本质上讲，利润与税收对政府没有区别，都是国家财富的增加。因此，王跃堂等（2010）和吕伟（2010）都认为国有企业避税动机不足。郑红霞和韩梅芳（2008）研究也发现，国有企业的税收筹划行为保守，非国有企业征税涉及非国有企业和政府之间的利益分配问题，所以其避税动机更强，而且受到的监管更弱，其避税能力也更强，更进一步，民营企业的避税动机最为强烈，避税方式更灵活，避税行为更激进。因此，国有企业和民营企业因避税动机不同会导致其避税

① 吴风来．产权所有制性质与企业绩效实证研究．经济科学，2003（3）．

② 徐莉萍，辛宇，陈工孟．股权集中度和股权制衡及其对公司经营绩效的影响．经济研究，2006（1）．

③ 董梅生，洪功翔．国有与民营上市公司效率比较的实证研究．马克思主义研究，2011（9）．

行为存在差异。陈梅（2016）的实证研究发现：高水平的公司治理在非国有控股公司中对操作性和意愿性税收规避有显著的抑制作用，而在国有控股公司中对操作性和意愿性税收规避的抑制作用则不显著。此外，在并购绩效方面，陈海声和冯素晶（2015）通过实证研究发现国有企业的实际所得税率显著低于非国有企业；基于整体并购绩效视角，国有企业的并购绩效显著低于非国有企业；基于税负视角，相对于非国有企业而言，国有企业的税收优势在一定程度上提高了自身的并购效益。

2.4.2 国有企业税收责任承担度较高

从代理人（管理层）的角度看，施莱弗和维什尼（Shleifer 和 Vishny, 1998）认为，由于国有股权的存在为政府干预国有企业提供了途径，而政府干预给企业带来多重目标，除了企业价值最大化，国有企业还需帮助政府完成社会目标，如政府需要国有企业在税收贡献、社会就业等问题上给予支持，这往往需要国有企业管理层在经营决策中为了多重目标在一定程度上牺牲国有企业价值。刘慧龙等（2010）认为这种牺牲对管理层来说并不是绝对的牺牲，因为国有企业管理层薪酬与业绩的敏感性较低，国有企业管理层的利益不会因为企业的高税负而受到损害，甚至反而可能因为承担高额税负而获得行政升迁的奖励，而无法完成财政税收任务则极有可能影响国有企业管理层的仕途。王丹（2010）也通过实证检验产权性质在社会责任与税收规避两者关系中影响，并认为国有企业的企业性质决定了其经营发展的首要目标就是社会公益最大化，从而其在承担税收责任方面更具主动性，要为政府的公共开支负担更多的税收收入。因此，在国有企业中，管理层进行税收决策时，还需要考虑避税的政治成本和政治声誉风险，且能力强的管理层政治成本更高，基于政治声誉风险的考量也会更多。而在非国有企业中，由于避税动机和避税能力均要强于国有企业，管理层能力对企业避税的影响会被削弱。唐伟和李晓琼（2015）进一步验证了民营企业社会责任表现受税收激励明显，而中央企业社会责任表现受到的税收激励效应较差。因此，国家应充分运用对民营企业的税收激励政策，提高民营上市公司社会责任表现，并推进市场化进程，提高上市公司公司社会责任。

巴曙松和朱伟豪（2017）通过实证研究发现，加重企业税收负担的主要是现任政治关联，而曾任政治关联的作用相反。相对于非国有企业，国有企

业中政治关联对企业税收负担的正向影响并没有更强，但现任政治关联对税负的正向影响显著强于非国有企业。进一步研究发现，国有企业中曾任政治关联的节税作用并不显著。因此，国有企业需要利用好曾任政治关联的社会资源和政治声望，为其争取税收优惠，同时需加强对现任政治关联的监管，防止权力寻租。无论是国有企业还是非国有企业，在引入政治关联时需要重视它对包括税收负担在内的企业利益的两面性影响。

2.5　产权结构对税会差异的影响

根据 Hanlon 和 Heitzmen（2010）的研究，会计—税收差异是会计利润总额与应纳税所得额之间的差异，它可能是由盈余管理、税收筹划以及企业所得税法与会计准则之间的制度差异引起的。有学者认为会计—税收差异可以反映企业的盈余管理信息，如 Manzon 和 Plesko（2002）、车菲（2012）、谭青和鲍树琛（2015）都针对上市公司样本进行了相关研究，但他们的研究并未区分产权性质。

近年来，有学者研究了产权性质的不同会否导致会计—税收差异。郭梦岚和李明辉（2016）认为，若政府为上市公司的终极控制人，则审计费用相对较低。王跃堂等（2010）以我国的所得税改革为契机，研究发现与国有企业相比，非国有企业在资本结构决策中会更多地考虑税收因素的影响，在税收筹划方面表现得更加激进。陈冬和唐建新（2013）则提出，非国有企业的避税程度越大，被要求支付的审计费用越高，进一步的研究发现，当法律环境比较完备时，国有企业与非国有企业的避税程度均与审计收费显著正相关。孙红等（2015）研究发现，相对于国有控股上市公司而言，民营上市公司的操纵性会计—税收差异与审计收费的正相关关系更加显著。曹越等（2015）在区分产权性质的基础上，实证分析了会计—税收差异对盈余稳定性的影响，研究发现，产权性质会影响会计—税收差异与盈余稳定性之间的关系。

税收的本质不仅关系着个人权利与国家权利的界限，也事关私人产权与公共产权之间的交换。总地来说，税收与产权之间的本质联系体现在两方面，一方面，征税作为一个资源由私人产权转变为公共收入的过程，只有税收明确了产权才能明确。另一方面，如果没有私人产权保护就不能形成真正合法性的征税权力，所以也只有产权明确了，政府才有理由征税。同时，产权税收的影响不仅仅体现在理论和直接对个人和企业征税上，同时也借由税收负担和会计行为等实务性事务影响到了企业内部的组织结构和运营决策，甚至直接影响到了企业避税的选择。

3. 产权结构、税收与混合所有制研究

3.1 混合所有制经济思想研究

混合所有制经济伴生于市场经济与社会化大生产的出现而出现。关于国内外学者对“混合所有制经济”含义的研究，可以从宏观和微观两个层面来概括。从宏观层面看，其一，在经济成分上，它是指一个经济社会中多种经济成分相互依存、相互渗透，共同构成该社会在某一时期的所有制结构。这在市场上表现为政府和私人企业并存、垄断与竞争并存；其二，在经济运行机制上，它是指政府和私人经济相互作用的公私混合，市场调节和政府干预并存。从微观层面看，它是指在同一经济组织中，不同产权主体的一系列经济活动相互融合而形成的新的产权配置结构和经济形式。

3.1.1 混合所有制经济要求市场力量的存在

混合所有制经济的含义决定了政府干预与市场运行两者结合的必要性。国内外大多数学者都十分肯定这两者结合对于经济发展的积极作用，国家可以修正市场这只“看不见的手”“混合经济”模式才是社会福利的真正抓手。罗伯特·赫尔（1937）始终赞成政府的作用，认为国家干预有助于使自由放任产生更大效益。阿尔文·汉森（1941）在《财政政策和经济周期》一书中也指出，单一纯粹的私人资本主义经济已不再是主流，而是同时存在着“社会化”的公共经济。何立胜、管仁勤（1999）认为混合所有制与市场经济的兼容性要高于纯粹的国有企业。政府干预绝不意味着经济全盘国有化，“混合经济”模式才是最为理想的社会运行模式。张文魁（2003）认为混合所有制是以多种形式实现社会主义公有制的必然和最佳选择。

3.1.2 混合所有制经济要求产权结构多元化的存在

在肯定了混合所有制经济的良好发展需要借助市场的力量后，也就意味着其要求产权结构多元化的存在，并且要保证产权的流转顺畅。

一方面，部分学者认为产权结构多元化是市场经济发展的必然结果。王大超（1998）认为，产权结构多元化是市场经济体制下，资产流动和联合的必然结果。胡颖，刘少波（2005）从国有产权的特征出发，指出国有产权的

模糊性、残缺性、超经济性决定了单一产权主体的国有企业具有难以逾越的体制障碍，必须进行产权调整，引入外部势力以促使其向多元化产权结构方向发展。另一方面，也有学者提出产权多元化是保证市场机制有效运行，进而使得混合所有制经济得以良好发展的重要前提。万华炜，程启智（2008）认为，中国混合所有制经济的产权制度，应保证产权主体多元化和多层次性。李保民（2013）也指出，产权多元化是积极发展混合所有制经济的重要途径，产权多元化的目的在于转机建制，让市场机制在优化资源配置中起决定性作用。

2003 年 10 月，党的十六届三中全会明确提出，建立归属清晰、权责明确、保护严格、流转顺畅的现代产权制度。明晰的产权是市场主体进行各种经济活动的有效激励和保证。混合所有制经济是多种所有制经济成分的融合，它的良好运行离不开产权的明晰界定和严格管理。刘希林（2004）从产权流转方面进行了研究，他认为，产权流转不畅制约了国有资本的“有进有退”，从而制约了混合所有制经济的发展。提出以产权市场建设为载体搭建产权交易平台，健全产权流转的市场机制。顾钰民（2006）指出，混合所有制经济的发展要求建立所有权分散与经营权集中两者相结合的产权制度。此外，万华巧（2007）也认为产权是发展混合巧有制经济的基础，明晰的产权制度是推动混合所有制经济健康发展的基本前提。

3.2　混合所有制改革的经济效应

在微观企业层面，现代公司制企业的产权关系已经由原来的一元产权转变为多元产权，由集中转变为分散，由所有权派生的产权分别归属不同的权利主体，并由不同的权利主体分别拥有和行使。由此看来，混合所有制改革实质上也是一场产权改革。国有企业改革是混合所有制改革中的重头戏。很多学者对国企改革的态度、目标、路径、产权结构、改革效应等进行了深入研究。

3.2.1　国企改革的产权结构选择

事实上，国企改革重要的不在于区分国有企业和私人企业，而在于区分公共产品的提供者、公共产品部门和私人部门。在私人部门中，可以而且也应当有国有资本存在其中。所谓建立现代企业制度，就是要努力造就这样一种新的产权关系。那么，国有股比例与企业绩效是否是简单的单向关系？国有企业应该选择怎样的产权结构？这种产权结构配置在不同行业间又是否存在差异呢？国内很多学者在这方面进行了研究。绝大多数研究表明，国有股比例与企业绩效之间呈现“U”形关系，存在最优的国有产权比例。而且，相较于垄断行业，国有产权比例在竞争性行业中应占有更多份额。

刘小玄，李利英（2005）、郝大明（2006）、胡一帆（2006）、胡吉祥（2011）等分别从企业产出、净产值、盈利能力等角度肯定了国有企业改制对企业效率的提升作用；但马连福等（2015）依据国有竞争类企业中国有、外资及民营股东的持股比例定义了混合主体深入性，发现混合主体深入性与企业绩效之间呈倒“U”形关系，这与之前的结果有所不同；白重恩等（2006）开始注意到中国的国有企业改制所产生的社会成本，这意味着国有企业改革在企业效率与社会绩效之间存在某种权衡，这种权衡所引出的一个问题是，从资源配置效率的角度看，国有企业应该选择何种形式的产权结构。

（1）最优国有产权比例

国企改革既可以通过让渡使用权，也可以通过引入民营资本来降低所有权进行改革。不同的国有资本比例对于企业的经营绩效是不一样的。具体来说，除了极少数研究认为国有产权比例与企业绩效呈现单方向负相关性，例如，刘小玄和李立英（2005）研究了1994～1999年竞争行业451家企业的数据，发现国有产权越多，企业绩效越差。事实上，大多数学者认为，国有产权比例与企业绩效之间并不是简单的单向关系，而是呈现“U”形关系。安烨（2011）通过对上海和深圳A股制造业373家上市公司9年数据的研究发现，国有股比例与企业业绩之间存在非线性“U”形关系所有制结构，分为国有股，法人股和流通股。同样地，田利辉（2005）发现，国有股与企业业绩的比例显示左高右低不对称“U”形关系。国有股比例首次上涨，企业业绩下滑，国有股权比例达到一定水平，国有股比例上升，企业业绩增长。国外研究中，Tian和Estrin（2008）也认为政府所有权与公司价值呈“U”形关系，即公司价值随着政府持股的增加而减少，达到一定值后，又会随着政府持股的增加而增加，从而说明当政府持股比例较大时，可以提高公司价值。

进一步地，刘媛媛等（2011）通过实证研究给出了这一最优国有股权比例。通过对2007年中国730家企业进行了实证分析，结果显示，国有股比例

和公司业绩均呈“U”形曲线关系，国有股比例为31.31%，公司业绩是最好的。此外，田昆儒和蒋勇（2015）以沪深两市ST和金融行业外的A股上市公司2003年至2013年间国有股权比例大于零的相关面板数据为样本研究发现，相对控股混合所有制企业国有股权比例优化区间为三成到四成之间，国有股权比例尽量接近32.16%，国有绝对控股的混合所有制企业国有股权比例优化区间为七成到顶格之间。

（2）国有产权结构的行业、区域差异性

国有产权结构的选择在不同地区、不同行业之间存在着较大差异。杨典（2013）研究发现，在竞争性强的行业中，国有股与企业绩效负相关，而在竞争性弱的企业中，国有股与企业经营绩效则不存在明显的相关性。同样地，陈林和唐杨柳（2014）以国有上市公司为研究对象，发现产权改革有助于企业价值的提升，对垄断行业产权改革的效果要大于竞争行业。汪浩（2015）也认为，“混合所有制”改革意味着大幅降低国企的国有股权比重，具体幅度应视行业特征而定，对于高度竞争性行业，都应尽可能降低国有股权比重；需要大范围协调的基础性行业以及存在高度信息不对称的行业，可以暂时保留较多的国有股权。此外，张辉等（2016）实证研究发现东部地区企业及垄断企业的改革效果最为明显。刘晔等（2016）在针对国有企业混合所有制改革对全要素生产率的影响研究得到的结果，竞争性行业中国企混改绩效的提升幅度大于垄断性行业。董梅生，洪功翔（2017）研究发现产权改革显著提高了民营化企业的效率和社会福利，且垄断行业更适合发展混合所有制经济。

3.2.2　国企改革的税收收入效应

国企改革意味着国有股权的重新安排，也可能会带来公司治理模式的转变，进而会导致企业税负的变化。税收是影响公司价值的重要因素，它也是国有股权影响公司价值的重要渠道。

国内外文献几乎没有直接研究国企改革前后企业税收负担的，有少部分文献对国有股权与企业税负之间的关系进行了研究。Chek Derashid，Hao Zhang（2003）以马来西亚1990～1999年上市公司为样本，研究了公司税收负担的行业差异，将国有股权比例作为影响公司税收负担的控制变量，结果没有发现国有股权与公司税负之间存在显著相关性；吴联生，李辰（2007）在研究我国中央政府取消“先征后返”政策对公司税收负担的影响以及地方政府和企业所作出的反应时，也将国有股权比例作为影响公司税收负担的控制变量，结果也没有发现国有股权与公司税负之间存在显著相关性。由于以上研究并不是专门研究国有股权与公司税负之间的关系，样本也往往根据研究问题的需要而做了相应的调整。因此，这些研究没有发现国有股权与公司税负之间的相关性，并不能够说明国有股权与公司税负之间就没有相关性。

Adhikari，Chek（2006）以马来西亚1990~1999年上市公司为样本，专门研究了国有股权与公司税负之间的关系。结果发现，国有股权比例与公司税负显著负相关，即国有股权有助于公司税负的降低，从而提高公司价值。但是，这个研究结论仅仅是基于马来西亚的上市公司数据得到的，至于国有股权与公司税负之间的关系，仍然需要我们基于更多国家的数据予以探讨；另外，他没有考虑不同公司的特征对国有股权与公司税负之间的关系的影响。比如，公司是否享受税收优惠政策，是否影响国有股权与公司税负之间的关系。后来，吴联生（2009）对此进行了完善，他从国有股权与企业税收负担的角度出发，研究了国有股权与企业税负之间的关系以及税收优惠对国有股权和企业税负的影响，研究结果表明，国有股权比重与企业实际的所得税税率之间存在显著的正相关性。国有股比例越高，实际税率越高。且非税收优惠公司国有股权明显高于税收优惠公司。

同时，有部分国内学者认为以国有股权形式表现出的产权形式是影响我国上市公司实际税负的重要因素，其中政府干预程度、不同股权性质企业的避税动机强弱、税收优惠多寡等因素是导致不同所有制企业实际税负差异的主要原因。曹书军和张婉君（2008）研究发现，上市公司第一大股东持股比例与公司实际税负显著正相关。覃雪梅（2011）研究发现，国有控股上市公司所得税实际税负率显著高于非国有控股上市公司，且随着股权集中度的提高，企业所得税实际税负呈先下降后上升的“U”形变动趋势。龙文滨和周茜（2012）研究发现，公司股权结构与实际税负之间不存在简单的线性关系，它同时受政府控制方式和持股比例的双重影响。

3.3 国企改革的产权激励效应

国外文献中关于混合所有制的研究较少，有个别文献通过实证分析涉及企业治理、绩效方面的研究，但未涉及对混合所有制企业综合评价的研究。

B. Mattijs 等（2001）对全球混合所有制的航空公司的状况进行了实证研究，研究发现国有航空公司的绩效指标低于私有航空公司，而混合所有制公司的绩效优于国有航空公司但低于私有航空公司。Kim 和 Kang（2012）也发现市场化的国有企业比政府控股的企业经营绩效好，国有企业私有化有助于提高公司经营业绩。进一步地，Firth 等（2005）对控股主体差异与公司绩效之间的关系进行了研究，研究发现，国有资产管理局控股的公司绩效最差，中央政府控股的公司绩效最好，地方政府控股的公司绩效介于两者之间，而私人控股的公司不如国家控股的公司绩效好。

在我国，绝大多数研究表明国有企业改革对企业绩效有正向激励作用。刘小玄，李利英（2005）以 1994 ~ 1999 年竞争性行业内的 451 家企业为样本，考察企业改制的影响效果，结果指出国有资本越高，企业绩效水平越低，而非国有资本则会促进企业绩效增长，产权改革促进了生产率的提升。宋立刚，姚洋（2005）以 1995 ~ 2001 年 683 家国有企业调查数据为样本进行研究发现，公司所有制改革能够显著提高企业绩效水平。武常岐和张林（2014）研究发现国有企业进行所有制改革后可以有效改善企业的经营业绩，而且当企业控制权发生变化时，业绩指标提升的效果更加显著。同样地，姚志刚和任渝（2015）研究发现，股权激励政策、混合所有制对企业经营绩效有正向作用。此外，国企改革引入民营资本是混合所有制改革中最为常见的一种模式。白重恩等（2006）、胡一帆等（2006）的研究认为，国有企业引入民营资本后大幅提高了国企的盈利能力和运行效率。

从已有的混合所有制研究文献来看，国内外学者从理论上对于产权结构与税收、产权结构与混合所有制以及混合所有制与税负的研究都有涉足，在实证研究方面，对混合所有制的改革成效研究较多，且主要集中在对企业绩效层面的研究上，对于税收收入效应的研究较少。而且，鲜有从产权结构、企业实际税负率与混合所有制改革三者的相关性角度研究混合所有制改革的经济效应（税收收入效应和产权激励效应），学界有必要深入研究产权结构多元化背景下混合所有制改革的经济效应与行业差异性，检验混合所有制改革对国企实际税负率与财务绩效的影响效果，探索适应混合所有制经济发展要求的产权治理模式与税制优化方案。

4. 土地产权制度与税制改革

4.1 土地产权与土地制度研究

土地产权，是指以土地所有权为基础、土地使用权为核心的一切关于土地财产权利的总和，是由各种权利组成的土地产权关系。土地产权体系包括土地所有权、土地占有权、土地使用权、土地收益权和土地处置权。在土地产权体系中，所有权是一切产权的母权，土地所有权以及由其分离出来的占有权、使用权、收益权和处置权，构成了完善的土地产权体系。所有权是一级权利，占有、使用、收益、处置等权利是二级权利，开发权或出售、租赁、赠送等权利是三级权利。人们通常把部分占有权、使用权、收益权、处置权等二级权能某种程度的集合成为经营权（张术环，2005）。[①] 产权在结构上表现得越完整、完全，对当事人的激励和约束就越充分，经济绩效就会越高（冀县卿，2010）。[②] 土地产权就是以土地所有权为基础的，关于土地财产权利的一系列权利束的总和（周诚，2006）。[③] 在市场经济中，产权不看重拥有、占有，而着重其通过交易而能带来利益或收益（刘尚希，2015）[④]，即转让权起着很重要的作用（周其仁，2004）[⑤]。

由于土地制度的不同，外国学者对我国农村产权问题的研究相对比较少。Gavian（1996）[⑥] 等认为中国现有含糊不清的土地产权交易无法避免“巴泽尔困境”（巴泽尔困境是由华盛顿大学经济学教授，巴泽尔在其所著的《产权的经济分析》中提出的观点，在缺乏产权清晰界定并得到良好执行的产权制度化人们必定争相攫取稀缺的经济资源和机会），自然会造成人们对稀缺资源的攫取巧掠夺，这种存在缺陷的土地产权制度也必定会降低土地资源的配置效

① 张术环．我国农村土地承包经营权权能残缺及解决途径．农村经济，2005.

② 冀县卿．改革30年中国农地产权结构变迁：产权视角的分析．南京社会科学，2010（10）：73－79.

③ 周诚．关于我国农地转非自然增值分配理论的新思考．农业经济问题．2006（12）．

④ 刘尚希．农村产权制度改革的核心是收益权．农村工作通讯，2015（24）：51－51.

⑤ 周其仁．产权与制度变迁，中国改革的经验研究．北京：北京大学出版社，2004.

⑥ Gavian. S. and M. Fafchamps. Land Tenure and Allocative Efficiency in Niger［J］. *American Journal of Agricultural Economics.* 1996，78（2）：460－471.

率。而荷兰学者何·皮特（2008）[①] 经过对中国农村土地产权制度的研究后指出："事实上多方资料显示，中国的农村改革之所以会取得成功，关键在于中央政府经过审慎的考虑之后，决定将本该成纲成条、没有任何歧义的农村土地产权制度隐藏在模棱两可的迷雾之中"，这种观点也被我国学者称之为"有意的制度模糊"（王金红，2011）[②]。几十年来，我国农村土地产权制度一直以来都存在不明晰的情况，在转型过程中农村土地所有权始终属于公有产权性质，但土地使用权、收益权、处置权逐步由国家让渡给产权使用者（蔡昌，2016）[③]，这种农村土地产权的不清晰也成为集体建设用地流转的主要障碍因素（张鹏，2007）[④]，而恰恰也正是这种农民集体享有的土地产权不完整阻碍了集体建设用地的流转，导致了我国一直以来都难以解决的"小产权房"问题（徐汉明，2010）[⑤]。

4.2 集体建设用地制度研究

国内一些学者主张应该废除目前的集体所有制，实行全面的国有制。何国平、罗后清（2014）主张应该明晰国家对土地的终极所有权（征收土地税权、征收权、利用管制权、接受无人继承的不动产权），把农村土地的经济所有权（永久使用权、除纳税外不可侵犯的收入权以及自由处分权）归农民的改革主张。[⑥]

但绝大多数学者还是主张在保持现行集体所有制前提下，赋予其与国家所有的土地同等权利。如刘守英（2009）认为，应在规划控制和用途管制的前提下进行土地制度创新，允许集体建设用地市场化流转，让农民以土地财产权利参与现代化进程。[⑦] 许小年（2013）认为首先应确认农民土地权利，允许集体土地上市流通，打破政府垄断土地供应的局面。[⑧] 党国英（2014）

---

① 何·皮特．谁是中国土地的所有者（中文版），林韵然，译．北京：社会科学文献出版社．2008：5.

② 王金红．告别"有意的制度模糊"——中国农地产权制度的核心问题与改革目标［J］．华南师范大学学报（社会科学版），2011（2）．

③ 蔡昌．中国产权转型、税收与产权保护．税务研究，2016（1）：94－98.

④ 张鹏．农村集体建设用地流转机制与绩效研究．［硕士学位论文］．浙江大学，2007.

⑤ 徐汉明．论公有产权的新模式．法学评论，2010（4）．

⑥ 何国平，罗后清．论农村土地的经济所有权归农．农业经济，2014（7）．

⑦ 刘守英．破解城乡二元土地制度格局．中国地产市场，2009（5）．

⑧ 许小年．城镇化不是经济政策．中国房地产业，2013（7）．

主张农村建设用地统一纳入地方政府土地规划管理体系，实行同地同权，村庄用地可以一并规划开发，农民的宅基地及住房在符合规划的条件下可以自由入市。[①] 唐忠（2015）认为同样是土地所有权，但土地的集体所有权没有土地的国家所有权那样完整，集体所有权受到一定限制。土地的集体所有权，应与土地的国家所有权同等保护，由集体直接出让非农用地的使用权也是可行的，这样，集体土地权利就与国有土地权利大致一样了。[②] 叶兴庆（2015）认为应该让农村集体土地使用权与农村集体所有权脱离，单独进行产权的功能定位。在集体经营性建设用地方面，要按照同权同价、流转顺畅、收益共享的原则，为符合规划和用途管制的存量土地，以出让、租赁、入股等方式入市交易开辟通道。[③]

4.3　土地税收制度研究

国内学术界对集体建设用地征税的合理性问题展开研究，主流观点认为政府有权且理应对集体建设用地征税。张占斌、宋志红（2013）认为政府收取税费的一个重要原因，便是政府在集体经营性建设用地入市区域的基础设施投入，直接带来了土地的增值，政府有权通过税收收回此部分增值收益。[④] 王婷婷（2016）主张随着农村集体建设用地流转的全面推进，税法理应对集体经营性建设用地流转增值行为进行调整。[⑤] 蔡悠芳（2017）认为政府的公共投资引致了集体建设用地的增值，理应对集体经营性建设用地的土地增值收益进行调节。[⑥]

国内一些学者对集体建设用地税制设计进行研究，常新、单亮（2010）通过分析了集体建设用地增值的原因和分类，提出在现行土地增值税中增加新税目，将集体建设用地使用权流转纳入土地增值税征税范围。[⑦] 王朝才（2010）主张可以考虑对流转收益部分扣除公益项目支出后余额部分征收所得

---

① 党国英．如何深化农村产权改革．学术月刊，2014（8）．

② 唐忠．中国农村土地制度：争议与思考．世界农业，2015（1）．

③ 叶兴庆．集体所有制下农用地的产权重构．毛泽东邓小平理论研究，2015（2）．

④ 张占斌，宋志红，等．城镇化进程中土地制度改革研究．河北人民出版社，2013.

⑤ 王婷婷．缺位与再造：农村集体建设用地流转的税收问题检思．法学研究，2016（8）：98－104.

⑥ 蔡悠芳．完善集体经营性建设用地入市税费体系的思考．住宅与房地产．2017（7）．

⑦ 常新，单亮．关于将集体建设用地纳入土地增值税征税范围的探讨．税务研究，2010（4）：33－34.

税，但要区分初次流转和再次流转。[①] 刘德才（2014）认为对于初次流转可免予征收个人所得税或企业所得税。对那些通过流转获得集体用地使用权再次转让时，应对其增值收益按照规定征收企业所得税或个人所得税。[②] 刘阳（2016）则认为应该对集体土地课征房地产税，在土地性质变更过程中，通过立法设定包括“小产权房”在内的集体土地房地产税收，将有效解决集体土地在财政领域所存在的问题。[③] 赵晓洁（2015）认为包括宅基地在内的集体建设土地，亦属于房产范畴，应该随着即将推行的房产税进行开征，考虑将农村宅基地纳入房产税的征收范围；并通过所得类税收的收入调节功能规范农村集体建设用地流转。[④] 郑娟尔、余振国（2013）认为集体建设用地流转的税费体系可参考城市建设用地，按不同的流转方式和流转方向征收不同的税费。[⑤] 王小映（2014）通过对现实的考察发现，在实践中一些地方已经参照城镇国有建设用地的税收，将集体经营性建设用地流转纳入了征税的范围，或者征收与城镇国有建设用地有关税收类似的地方税费。[⑥] 蔡悠芳（2017）通过比较集体与国有建设用地的税费体系差异、以建立城乡统一建设用地市场为导向，提出完善集体经营性建设用地入市税费体系的建议。[⑦]

---

① 王朝才，张立承．我国农村土地流转过程中的税收问题研究．财政研究，2010（9）：34－37.

② 刘德才．农村土地流转税收政策：应立足于提高土地使用效率．中国税务报，2014－3－5.

③ 刘阳．集体土地房地产税立法的合宪性．华南师范大学学报（社会科学版），2016（4）：22－25.

④ 赵晓洁．论我国农村宅基地有偿使用的财税规制路径．改革与战略，2015（10）：93－96.

⑤ 郑娟尔，余振国．集体建设用地流转的税费体系构建探讨．2009年中国土地学会学术年会，56－60.

⑥ 王小映．论农村集体经营性建设用地入市流转收益的分配．农村经济，2014（10）：3－7.

⑦ 蔡悠芳．完善集体经营性建设用地入市税费体系的思考．住宅与房地产，2017（7）.

参考文献

[1] Ajay Adhikari, Chek Derashid, Hao Zhang. Public policy, political connections, and effective tax rates: Longitudinal evidence from Malaysia [J]. *Journal of Accounting and Public Policy*, 2006, 25 (5).

[2] Chek Derashid, Hao Zhang. Effective tax rates and the "industrial policy" hypothesis: evidence from Malaysia [J]. *Journal of International Accounting, Auditing and Taxation*, 2003, 12 (1).

[3] Douglass C. North, Robert Paul Thomas. The Rise of The Western World: A New Economic History [M]. Cambridge University Press, 1976: 24 - 36.

[4] Hall R. The Economic System in A System in A Socialist State [M]. London: Macmillan, 1937: 26 - 27.

[5] Hanlon M, Heitzman S. A review of tax research [J]. *Journal of Accounting and Economics*, 2010, 50 (2): 127 - 178.

[6] Hansen A. Fiscal Policy and Business Cycles [M]. New York: Norton & Company, 1941: 138 - 142.

[7] Manzon G, Plesko G. The relation between financial and tax reporting measures of income [J]. Tax Law Review, 2002, 55 (2): 175 - 214.

[8] Michael Firth, Peter M. Y. Fung, Oliver M. Rui. Corporate performance and CEO compensation in China [J]. Journal of Corporate Finance, 2005, 12 (4).

[9] Phillips J. M., Pincus S., Rego. Earnings management: new evidence based on deferred tax expense [J]. The Accounting Review, 2003, 78 (2): 491 - 521.

[10] Porta, R., Lopez - de - Silanes, F., Shleifer, A. & Vishny, R.. Law and Finance. Journal of Political Economy, 1998, 106 (6): 1113 - 1155. doi:

10. 1086/250042.

[11] Ronald H. Coase, "The Problem of Social Costs", Law and Economics, Volume 3, October, 1960.

[12] Young - Sam Kang, Byung - Yeon Kim. Ownership structure and firm performance: Evidence from the Chinese corporate reform [J]. China Economic Review, 2012, 23 (2).

[13] 阿尔钦. 产权——一个经典的注释 [M] //罗卫东主编. 经济学基础文献选读. 浙江大学出版社, 2007.

[14] 安烨, 钟廷勇. 股权集中度、股权制衡与公司绩效关联性研究——基于中国制造业上市公司的实证分析 [J]. 东北师大学报, 2011 (06).

[15] 巴曙松, 朱伟豪. 产权性质、政治关联与企业税收负担 [J]. 金融发展研究, 2017 (08).

[16] 白云朴, 惠宁. 马克思经济学与新制度经济学产权理论的比较 [J]. 经济纵横, 2013 (01).

[17] 白重恩, 路江涌, 陶志刚. 国有企业改制效果的实证研究 [J]. 经济研究, 2006 (8).

[18] 鲍灵光. 论税收制度与产权制度的相互关系 [J]. 经济体制改革, 1996 (6).

[19] 鲍树琛. 产权性质、所得税税负与企业价值 [J]. 首都经济贸易大学学报, 2018 (3).

[20] 布坎南. 自由、市场与国家 [M]. 上海: 上海三联出版社, 1989.

[21] 蔡昌, 李蓓蕾. 我国不同所有制企业实际税负比较研究 [J]. 南方经济, 2017 (11).

[22] 蔡昌, 田依灵. 产权性质、税收负担与企业财务绩效关系研究 [J]. 税务研究, 2017 (06).

[23] 蔡昌. 有效产权、税收与中国产权转型研究——基于残缺产权与非正式产权视角的分析 [J]. 财会学习, 2013 (11).

[24] 蔡昌. 中国产权转型、税收与产权保护 [J]. 税务研究, 2016 (1).

[25] 蔡昌. 税收信用论: 基于产权与税收契约视角 [M]. 北京: 清华大学出版社, 2014.

[26] 蔡昌．构建产权型税收体系：基于产权保护与税收立法权的回归的思考［J］．税务研究，2013（6）．

[27] 蔡昌．税收契约的源流嬗变：类型、效力与实施机制［J］．税务研究，2012（6）．

[28] 曹书军，张婉君．企业实际所得税率影响因素及其稳定性研究——来自我国A股上市公司的经验证据［J］．财经论丛，2008（06）：30－36.

[29] 曹书军，张婉君．企业实际所得税率影响因素及其稳定性研究［J］．财经论丛，2008（6）．

[30] 曹阳．财产权与税权的博弈及协调［J］．社会科学家，2015（04）：111－115.

[31] 曹越，陈许，张肖飞．产权性质、会计—税收差异与盈余稳健性［J］．会计之友，2015（02）：30－36.

[32] 车菲．税收负担、融资决策与企业价值研究［M］．北京：经济科学出版社，2015.

[33] 陈冬，罗祎．公司避税影响审计定价吗？［J］．经济管理，2013（3）：98－109.

[34] 陈冬，唐建新．机构投资者持股、避税寻租与企业价值［J］．经济评论，2013（6）．

[35] 陈海声，冯素晶．产权性质、企业税负与并购绩效［J］．财会通讯，2015（18）：48－51＋55.

[36] 陈林，唐杨柳．混合所有制改革与国有企业政策性负担——基于早期国企产权改革大数据的实证研究［J］．经济学家，2014（11）：13－23.

[37] 陈梅．产权视角下公司治理与税收规避实证研究［J］．企业导报，2016（15）：9－10.

[38] 程昔武，张泽云，纪纲．产权性质、会计－税收差异与审计收费——来自中国A股上市公司的经验证据［J］．审计与经济研究，2016，31（05）：22－29.

[39] 德姆塞茨．关于产权的理论［M］//罗卫东主编．经济学基础文献选读．浙江大学出版社，2007：259－271.

[40] 董梅生，洪功翔．发展混合所有制经济的内在机制研究——基于产

权改革视角［J］．云南财经大学学报，2017（02）：12－25.

［41］董梅生，洪功翔．中国混合所有制企业股权结构选择与绩效研究［J］．上海经济研究，2017（03）：71－77.

［42］傅尔基．论多元产权多样混合与集体经济改革发展混合所有制经济［J］．毛泽东邓小平理论研究，2017（03）：42－49.

［43］菲吕博腾，配杰威齐，李飞．产权与经济理论：近期文献概览［J］．经济社会体制比较，1991（1）：33－41.

［44］高小萍．完善我国现行税制　推进产权制度改革［J］．涉外税务，2001（03）：15－17.

［45］顾钰民．所有权分散与经营权集中——混合所有制的产权特征和效率分析［J］．经济纵横，2006（02）：45－48.

［46］哈罗德·德姆塞茨．关于产权的理论［M］．盛洪，译．现代制度经济学．北京：中国发展出版社，2009.

［47］哈特．企业、合同与财务结构［M］．上海：上海三联出版社，1995：95－110.

［48］郝大明．国有企业公司制改革效率的实证分析［J］．经济研究，2006（07）：61－72.

［49］何立胜，管仁勤．混合所有制——一种最具市场兼容力的所有制形式［J］．经济问题探索，1999（07）：8－10.

［50］胡建绩．产权重组［M］．上海：上海译文出版社，1997：27.

［51］胡吉祥，童英，陈玉宇．国有企业上市对绩效的影响：一种处理效应方法［J］．经济学（季刊），2011（04）：966－988.

［52］胡一帆，宋敏，郑红亮．所有制结构改革对中国企业绩效的影响［J］．中国社会科学，2006（04）：50－64.

［53］胡颖，刘少波．混合所有制与国有企业产权多元化改革［J］．科学经济社会，2005（02）：30－33.

［54］黄少安．产权起源探索［J］．经济学家，1995（03）：83－93＋128.

［55］黄少安．产权经济学导论［M］．北京：经济科学出版社，2004：185.

[56] 黄速建．中国国有企业混合所有制改革研究［J］．经济管理，2014（07）：1－10.

[57] 吉林省工商联混合所有制经济课题组．促进产权顺畅流转发展混合所有制经济［J］．经济纵横，2004（04）：25－29.

[58] 纪坡民．产权与法［M］．上海：上海三联出版社，2005.

[59] 科斯．企业、市场与法律［M］．上海：上海人民出版社，2009：117－118.

[60] 科斯，等．财产权利与制度变迁［M］．上海：三联书店，1996：98.

[61] 李保民．产权多元化是发展混合所有制经济的重要途径［J］．产权导刊，2013（12）：5－7.

[62] 李林．马克思产权学说与西方产权理论的比较分析［J］．金融教学与研究，1998（4）.

[63] 厉以宁．中国道路与混合所有制经济［J］．中国市场，2014（23）：3－11.

[64] 刘行，李小荣．金字塔结构、税收负担与企业价值：基于地方国有企业的证据［J］．管理世界，2012（8）：91－105.

[65] 刘慧龙，张敏，王亚平，吴联生．政治关联、薪酬激励与员工配置效率［J］．经济研究，2010（09）：109－121＋136.

[66] 刘明越．国企产权制度改革的逻辑与问题研究［D］．［博士学位论文］．复旦大学，2013.

[67] 刘尚希，杨白冰．论产权结构多元化对税制结构的影响［J］．求是学刊，2016（02）：61－68＋173.

[68] 刘尚希．深化国资体制改革需系统性重构［J］．瞭望，2015.

[69] 刘小玄，李利英．改制对企业绩效影响的实证分析［J］．中国工业经济，2005（03）：5－12.

[70] 刘小玄，李利英．企业产权变革的效率分析［J］．中国社会科学，2005（02）：4－16.

[71] 刘晔，张训常，蓝晓燕．国有企业混合所有制改革对全要素生产率的影响——基于 PSM－DID 方法的实证研究［J］．财政研究，2016（10）：

63 – 75.

［72］刘晔．对税收本质的重新思考——基于制度视角的分析［J］．当代财经，2009（04）：32 – 36.

［73］刘媛媛，黄卓，谢德逊，何小锋．中国上市公司股权结构与公司绩效实证研究［J］．经济与管理研究，2011（02）：24 – 32.

［74］刘志广．新财政社会学研究［M］．上海：上海人民出版社，2011.

［75］龙文滨，周茜．股权结构、实际税负与公司价值关系研究［J］．财会月刊，2012（15）：7 – 11.

［76］吕天奇．马克思与西方学者产权理论的观点综述与分析［J］．西南民族大学学报（人文社科版），2004（03）：121 – 126.

［77］吕伟，张纯，周乐燕．企业社会责任、风险管理策略与避税行为［J］．上海大学学报（社会科学版），2015（05）：97 – 107.

［78］吕伟．分析师跟踪、产权安排与公司避税行为［J］．山西财经大学学报，2010（11）．

［79］吕中楼，新制度经济学研究［M］．北京：中国经济出版社，2005：245 – 246.

［80］中共中央马克思恩格斯列宁斯大林著作编译局．马克思恩格斯选集：第4卷［M］．北京：人民出版社，1972：352.

［81］吴振球，尹德洪．马克思产权理论与西方产权理论比较——基于私有产权起源和产权制度演进动力视角［J］．经济问题，2007（11）：4 – 6 + 57.

［82］马连福，王丽丽，张琦．混合所有制的优序选择：市场的逻辑［J］．中国工业经济，2015（07）：5 – 20.

［83］迈伦·斯科尔斯，马克·沃尔夫森．税收与企业战略［M］．张雁翎，译．北京：中国财政经济出版社，2004：59.

［84］诺斯．制度、制度变迁与经济绩效［M］．上海：上海人民出版社，2008：102 – 103.

［85］诺斯．经济史上的结构与变迁［M］．厉以宁，译．北京：商务印书馆，1992.

［86］秦丽娜，李凯，刘晔．当前国有企业改革的路径选择应分类进行［J］．财务与会计，2005（04）：74.

[87] 任若恩．个税改革的经济学思考［J］．首席财务官，2005(07)：14.

[88] 任寿根．产权税收理论初探［J］．涉外税务，2005（04）：7－12.

[89] 宋立刚，姚洋．改制对企业绩效的影响［J］．中国社会科学，2005(02)：17－31.

[90] 宋献中，沈肇章．税收筹划与企业财务管理．暨南大学出版社，2002：161－162.

[91] 孙红，金爱华，陈婧婧．控股权性质、操纵性会计——应税利润差异与审计定价［J］．中国注册会计师，2015（8）：97－104.

[92] 覃雪梅．上市公司股权结构对所得税实际税负的影响研究［D］．［硕士学位论文］．广西大学，2011.

[93] 谭青，鲍树琛．会计—税收差异能够影响审计收费吗？——基于盈余管理与税收规避的视角［J］．审计研究，2015（02）：81－88.

[94] 汤吉军，刘仲仪．混合所有制、控制权博弈与政府管制［J］．经济与管理研究，2016（12）：82－89.

[95] 唐伟，李晓琼．抑制还是促进——民营企业的社会责任表现与税收规避关系研究［J］．科学决策，2015（10）：51－65.

[96] 田昆儒，蒋勇．国有股权比例优化区间研究——基于面板门限回归模型［J］．当代财经，2015（06）：107－117.

[97] 田利辉．国有股权对上市公司绩效影响的U型曲线和政府股东两手论［J］．经济研究，2005（10）：48－58.

[98] 万华炜，程启智．中国混合所有制经济的产权经济学分析［J］．宏观经济研究，2008（02）：35－42.

[99] 万华炜．中国混合所有制经济的产权制度分析［J］．中南财经政法大学学报，2007（06）：21－26.

[100] 汪浩．国有产权、创新激励与社会福利［J］．经济学报，2015(09)：1－17.

[101] 王大超．论企业产权制度改革与混合所有制的建立［J］．沈阳师范学院学报（社会科学版），1998（03）：28－30.

[102] 王丹．国有企业社会责任实现路径探析［J］．理论月刊，2010

(05)：160－163.

［103］王跃堂，王亮亮，彭洋．产权性质、债务税盾与资本结构［J］．经济研究，2010（09）：122－136.

［104］王延明．上市公司所得税率变化的敏感性分析［M］．经济研究，2002（9）．

［105］吴联生，李辰．"先征后返"、公司税负与税收政策的有效性［J］．中国社会科学，2007（04）：61－73.

［106］吴联生．国有股权、税收优惠与公司税负［J］．经济研究，2009（10）：109－119.

［107］吴宣恭．马克思主义产权理论与西方现代产权理论比较［J］．经济学动态，1999（01）：4－9.

［108］吴燕飞．基于产权视角的企业内收入分配问题研究［D］．［博士学位论文］：华中科技大学，2011.

［109］吴易风．马克思的产权理论与国有企业改革［J］．中国社会科学，1995（1）．

［110］吴振球，尹德洪．马克思产权理论与西方产权理论比较——基于私有产权起源和产权制度演进动力视角［J］．经济问题，2007（11）．

［111］武常岐，张林．国企改革中的所有权和控制权及企业绩效［J］．北京大学学报，2014（09）：149－156.

［112］席晓娟．论财产权与征税权的冲突与协调——以权利（权力）性质的法律解析为视角．河北法学，2008（12）．

［113］徐明君．马克思与诺斯制度变迁理论比较研究［D］．东南大学，2014.

［114］杨白冰．从产权视角看税收制度的本质［J］．地方财政研究，2015（12）：61－64＋72.

［115］杨典．公司治理与企业绩效——基于中国经验的社会学分析［J］．中国社会科学，2013（01）：72－94.

［116］姚志刚，任渝．混合所有制国企经营绩效的策略研究［J］．技术经济与管理研究，2016（06）：62－66.

［117］殷军，皮建才，杨德才．国有企业混合所有制的内在机制和最优

比例研究［J］．南开经济研究，2016（01）：18－31.

［118］臧跃茹，刘泉红，曾铮．促进混合所有制经济发展研究［J］．宏观经济研究，2016（07）：21－28.

［119］张冰石，马忠，夏子航．国有企业混合所有制改革理论研究［J］．经济体制改革，2017（06）：5－11.

［120］张辉，黄昊，闫强明．混合所有制改革、政策性负担与国有企业绩效［J］．经济学家，2016（09）：32－41.

［121］张伟，于良春．混合所有制企业最优产权结构的选择［J］．中国工业经济，2017（04）：34－53.

［122］张文魁．国资监管体制改革策略选择：由混合所有制的介入观察［J］．改革，2017（01）：110－118.

［123］张五常．新制度经济学的现状及其发展趋势［J］．当代财经，2008（07）：5－9.

［124］郑红霞，韩梅芳．基于不同股权结构的上市公司税收筹划行为研究——来自中国国有上市公司和民营上市公司的经验证据［J］．中国软科学，2008（09）：122－131.

［125］朱庆民．产权制度与税制改革的相关性分析［J］．税务研究，1998（12）：45－48.

［126］中央全面深化改革领导小组．关于完善产权保护制度依法保护产权的意见．2016－8－30.

［127］中央编译局．马克思恩格斯全集：第1卷［M］．北京：人民出版社，1972：382.

［128］中央编译局．马克思恩格斯全集：第23卷［M］．北京：人民出版社，1972：640.

［129］中央编译局．马克思恩格斯全集：第42卷［M］．北京：人民出版社，1979：83＋102＋115．

［130］中央编译局．马克思恩格斯全集：第46卷［M］．北京：人民出版社，1972：491－493.

后 记

这是一部关于产权税收论的研究成果。笔者踏入这个研究领域，带着好奇心和辩证思维去观察中国历经的40年改革开放实践，试图从中窥探产权与税收的关联性与互动关系。笔者发现产权税收论是一个有着广阔前景的理论研究蓝海，搜集整理文献时我们发现相关研究资料呈现碎片化，说明该研究领域并未被深挖，但已经引起来自学术界多个专业维度的关注目光。本书关于产权税收论的观点还很稚嫩，我们所做的工作仅仅是对中国产权税收制度的局部解剖、拓展与论证，还有很多重要层面、很多棘手现实问题尚未触及，未来我们将继续推进该领域的相关研究。

本书的写作感谢我的导师盖地教授、高培勇教授的教诲，感谢刘桓教授、吴少平教授、贾绍华教授、郑立文教授的关心和帮助。还要感谢我的硕士生和博士生们——尤其是田依灵、谭岚岚、鲁兵兵、韩金标、李蓓蕾、沈静、林会娟、张赛、林高怡等同学，在培养他们的过程中，得益于他们活跃的思维和深入的讨论，他们对书中的一些观点的形成和模型建构也有很大助益。限于时间和研究水平，本书疏漏在所难免，恳请大家批评指正。

作 者

2018 年 12 月于北京